COMMENT CONSTITUER

LA

RÉPUBLIQUE

COMMENT CONSTITUER

LA

RÉPUBLIQUE

PAR

AGRICOL PERDIGUIER

Ancien Représentant du Peuple.

PARIS

CHEZ L'AUTEUR, RUE TRAVERSIÈRE, 38

—

1871

OBSERVATION.

On trouvera peut être quelque apparence de contradiction dans ce travail: *Comment constituer la République.* Dans le 1er Chapitre, je dis que les élections vont avoir lieu, que la France va être consultée, et dans les derniers je parle de l'Assemblée Nationale réunie à Bordeaux. C'est que ce travail a été fait article par article, écrit rapidement, et envoyés à la suite les uns des autres au journal le *National* qui à bien voulu les publier. Voici à quelles dates je les ai fait tomber dans la boîte de mon quartier: 1, 2. 4, 6, 8, 12, 13, 19, 23 Février. Ce dernier jour je renfermai trois articles dans la même enveloppe. Ils ont paru dans les numéros que voici: 3, 7, 10, 12, 16, 18, 23, 27 Février, et 3, 6 et 9 Mars. Pendant que j'écrivais, que j'envoyais mes articles ou chapitres, les évènements marchaient, je ne pouvais moins faire que de les suivre, et de là cette minime contradiction qui ne'n sera pas une pour les hommes sérieux.

COMMENT CONSTITUER LA RÉPUBLIQUE

I.

Nos forts, nos armes sont possédés par l'ennemi ; nous sommes vaincus par la famine ; nous sommes prisonniers dans notre capitale. Affreuse situation ! Et nous souffrons pour nous et pour la patrie, et nous nous débattons dans un affreux martyre.

Pauvres Français ! Voila ce que c'est que d'avoir oublié le devoir, d'avoir abdiqué tous nos droits entre les mains d'un seul homme dont les folies, les attentats nous étaient déjà connus. Nous en subissons aujourd'hui le châtiment, et il en sera toujours ainsi de tout peuple qui ne marchera pas dans la voie du devoir, de la justice et de la liberté.

Mais oublions un peu, s'il est possible, nos douleurs amères, nos souffrances inexprimables, et occupons-nous du présent et de l'avenir. Soyons inébranlables contre nos revers, ne perdons pas l'espérance, et appelons la raison et la prudence à notre secours.

La Prusse a reconnu le gouvernement de fait, consenti à traiter avec lui, mais elle exige qu'une Assemblée nationale élue sans retard par le peuple de France vienne examiner, appuyer, valider les préliminaires qu'on a dû poser, et signer la paix définitive. Ainsi le gouvernement de la défense nationale continue à administrer au nom de la République ; c'est sous son autorité, sous sa surveillance, sans pression, que les élections vont avoir lieu, que le suffrage universel va parler, que la nation va manifester sa volonté.

Bien grave moment !

Républicains, soyez calmes, soyez dignes, soyez grands!... Présentez-vous devant le peuple, exposez-lui vos idées, vos principes, vos théories, vos moyens de salut ; dites-lui ce que vous pensez de la guerre et de la paix, comment vous comprenez la Constitution, les lois nouvelles, les réformes à réaliser... Faites-vous aimer, faites aimer la République, et la République, malgré tous nos malheurs, restera le Gouvernement de la France.

Mais point de colère, d'exagération; soyez apôtres, convertissez et restez fermes sur le terrain des choses possibles et pratiques. Que la morale, que la vertu, que l'esprit de justice nous conduisent, et malgré d'affreuses tempêtes, nous arriverons au port, la France sera sauvée, relevée, consolidée, et deviendra encore, il le faut bien, le phare de l'avenir.

Gardons-nous des utopies, gardons-nous des choses très douteuses, ne restons pas dans les nuages quand il faut bâtir ici-bas pour les habitants de la terre.

Dans notre organisation, tout doit se réduire aux principes les plus simples, d'une application extrêmement facile, que tout homme peut comprendre, et auxquels il donne très volontiers son assentiment.

D'abord, maintien à tout jamais du **suffrage universel.**

Il est des hommes qui voudraient le restreindre, le faire reposer sur un cens, sur des écus, sur la capacité et le savoir, qui ne sont pas toujours l'indépendance et la vertu; d'autres, démocrates ardents, passablement autoritaires, se défiant des majorités, demanderaient des dictatures pour cinq ans, pour dix, pourvu qu'elles fussent entre leurs mains.

Non, point de restrictions, point de dictatures, mais le suffrage universel vrai, le seul digne de ce nom.

A nous de conquérir par notre douceur, par nos enseignements, la foule des hommes, et de leur faire comprendre, aimer, accepter nos principes.

La liberté de la presse entière, complète, sans timbre, sans cautionnement. Mais quelques-uns diront : Elle peut abuser, faire le mal. Je réponds : N'avons nous pas la liberté du couteau? Tout homme n'a-t-il pas le droit, la liberté de porter un couteau et d'en user pour ses besoins? Mais s'il tue, s'il assassine, il est jugé, condamné, puni pour avoir tué, pour avoir assassiné, et non pour le port du couteau, qui est toujours facultatif et à la disposition de tout le monde. Celui qui assassinerait avec

la plume comparaîtrait devant un jury loyalement cons-
titué, qui lui appliquerait la peine qu'il aurait encourue.

Liberté de réunion. Si, dans les derniers
temps à Paris, les réunions n'ont pas été, en général, à
la hauteur de notre terrible situation ; si, au lieu d'exal-
ter le patriotisme, de pousser au combat, de n'avoir en
vue que le salut immédiat de la patrie, elles n'ont que
trop divagué, que trop poussé aux troubles, aux dissen-
sions , c'est que l'empire déchu nous avait laissé de bien
tristes éléments; mais croyons que, avec une meilleure
instruction, de meilleures mœurs, elles feront tout autrement et seront un jour l'un des plus féconds moyens de
propagande instructive, de progrès réel, dont le peuple
saura profiter. Mais à toute liberté s'attache une responsabilité.

Liberté d'association. — Vous voulez vous
associer comme les compagnons pour vous soutenir
dans les voyages ; allez ! et vivez en paix ; — vous voulez
faire une association commerciale ; osez , c'est votre
affaire ; — vous voulez former une association de travailleurs, une coopération, produire en commun ; hé
bien ! mêlez vos capitaux, travaillez, créez, marchez,
faites des affaires, prospérez si vous le pouvez; mais
respectez ceux qui travaillent isolément, inclinez-vous
devant la liberté de chacun. — Vous plaît-il de vous
mettre en communauté ? Voulez-vous que le fonds social,
que les instruments de travail appartiennent à tous, et
non à chacun en particulier ? Vous sourirait-il de vivre
presque comme des moines, mais ayant avec vous vos
femmes et vos enfants ? c'est encore votre affaire. Seulement, jouissant de la protection de l'État, chacun de
vous doit au pays, comme les autres citoyens, sa part
d'impôt et de services personnels.

On peut être communiste et n'être pas républicain.
Ces deux mots ne sont pas identiques, et les moines
en sont la preuve la plus frappante ; mais quel
que soit le costume que l'on porte, le règlement particulier auquel nous obéissons, la Patrie prime tout, et il
faut lui obéir lorsqu'elle nous commande et fait appel à
notre concours.

Oui, vivez en communauté, soyez heureux ! mais

n'ayez pas la prétention de devenir les chefs de l'État, de nous imposer vos façons de vivre, laissez-nous trouver le bonheur dans notre petit coin et au sein de nos familles.

Vous donner les meilleures constitutions, les meilleurs règlements, vous procurer une vie confortable, voilà votre affaire propre, en dehors de laquelle il y a les affaires de la France, du monde entier, dont vous devez vous préoccuper comme tous les autres citoyens.

L'assemblée constituante ou nationale, aura une durée proportionnée au temps nécessaire à l'achèvement de son œuvre. Elle rédigera, discutera, votera la Constitution de la France, de la République. Pendant qu'elle travaillera, laissons-la en paix; gardons-nous bien d'aller la violenter, la renverser comme en 1848. Quelle soit tout entière à son œuvre régénératrice. Et nous, pendant ce temps, que devons-nous faire ? Instruire le peuple, le moraliser, le grandir, et préparer ainsi l'assemblée qui succédera à la Constituante.

La **Législative** sera élue pour deux ou trois ans. Des mandats trop longs ont des inconvénients, car il peut arriver alors qu'une assemblée ne représente plus du tout l'esprit, la volonté du pays ; trop courts, ils engendreraient peut être trop d'ambitions, de contention, d'agitations; voilà pourquoi je choisis un terme moyen. A la Législative de nous donner les grandes lois consitutionnelles, complément de la Constitution.

D'où sortira donc le **pouvoir exécutif**? Des Assemblées nationales, réprésentant la France entière, et sera toujours révocable par elle. Le chef de ce pouvoir, qui agira comme président de la République, nommera son ministère, qui ne devra pas déplaire à ceux d'où émane le pouvoir exécutif.

II.

Le **Conseil d'état** sera nommé par l'Assemblée nationale.

Plus de sénat, plus de pairs, une seule Chambre, celle

des députés de la France. **L'Algérie, les Colonies** seront représentées dans nos Assemblées.

Chaque **Commune** nommera son conseil municipal, son maire, ses adjoints, son garde champêtre ; chaque conseil général son président ; il en sera de même de chaque société de secours mutuels et de toutes les associations en général. Il ne faut pas trop peser sur les hommes, il faut leur laisser toutes les libertés qui ne nuisent pas à autrui ; si on les gouverne outre mesure, on les rend stupides.

L'empire a mis en évidence cette vérité, et en embrassant tout, en se mêlant de tout, il n'a plus su rien étreindre, il s'est rendu incapable de tout, même d'avoir de bons ministres, de bons généraux, de bons administrateurs, de bonnes armées ; et c'était là cependant ce qui le préoccupait le plus, car il voulait vaincre, il voulait éblouir, il voulait s'imposer et nous gouverner selon son bon plaisir. Qu'on juge d'après cet exemple comment devait marcher tout le reste dans notre vaste et beau pays !

Quoi ! un gouvernement nommer quarante mille maires ; quatre-vingt mille adjoints ; des centaines de mille de gardes champêtres ; de présidents de sociétés ouvrières et autres ; des juges locaux dont il faisait des instruments politiques ; des employés à tous les degrés et de toutes les sortes ! Comment pouvait-il les connaître ? Comment pouvait-il agir en connaissance de cause ? Comment pouvait-il faire de bons choix, même en lui supposant la bonne volonté ?

Il arrive que celui qui se présente à l'autorité pour être maire, ou adjoint, ou président d'un conseil ou d'une société, est le plus vaniteux, le plus orgueilleux, le moins capable, le moins aimé du public, de celui ou de ceux auxquels il veut s'imposer, qu'il sait ramper, qu'il sait flatter, qu'il flatterait le diable ou le bon Dieu, le tigre ou le lion s'ils étaient souverains, s'ils daignaient le regarder, lui donner un bout de ruban, un peu d'importance ou satisfaire sa cupidité.

Voilà, bien souvent, le représentant ou plutôt le délégué, l'instrument brutal, immoral de l'autorité, du roi, de l'empereur, de qui voudra s'en servir pour caresser ou pour frapper.

Pas de conscience en tout cela : Et voilà des hommes ! Et voilà des citoyens !

Non, non, ne suivons pas une route si périlleuse, qui mène aux précipices, qui produit les catastrophes ! Que le pouvoir ne se mêle pas de tout, qu'il nous laisse faire nos élections en toute liberté, élever les hommes que nous jugeons les plus dignes, les plus capables de nous servir, de nous moraliser, de former notre esprit et de nous mettre en paix avec nous-mêmes, en paix avec nos concitoyens ; lui, qu'il reste en haut, qu'il s'occupe des choses d'en haut, du grand ensemble du pays, des rapports avec l'étranger, et tout n'en ira que mieux.

Que tout **Fonctionnaire** soit responsable de ses actes, et punissable s'il est coupable. Point d'article de Constitution ou de loi qui le protége devant la justice, devant laquelle tout citoyen doit s'incliner.

Plus **d'Armée permanente**, plus de tirage au sort ; abolissons cette affreuse loterie dans laquelle le jeune homme, sachant à peine son métier, était le triste enjeu, et perdait, pendant huit ans, sa liberté, son peu de capacité et sa bonne volonté ; mais une garde nationale mobile, une garde nationale sédentaire, maniant le fusil d'abord fréquemment ; ensuite tous les quinze jours ou de mois en mois, le dimanche ; ce seront là des distractions dans nos villes et dans nos campagnes.

Tous les trois mois ou tous les six mois, une grande concentration de troupes au chef-lieu, des exercices d'ensemble, une revue générale, sous l'œil des populations ; et il y aura des drapeaux, des musiques, des chants, de l'enthousiasme, de la joie, et les cœurs se réchaufferont dans ces grandes et belles fêtes de la patrie.

Il nous faudra cent mille hommes pour garder nos frontières et nos forteresses : six mois, un an de service pour chacun de nous dans le cours de notre vie, ce sera assez... L'artisan n'aura pas le temps d'oublier ses outils de travail, le paysan sa fourche et sa bêche, l'étudiant les lois ou l'art de soigner ou guérir les infirmités humaines. Une promenade de six mois, une sorte de vacances ne nuira en rien à nos connaissances acquises, à notre aptitude, à notre bonne volonté pour les connaissances que nous devons acquérir.

Quel gain pour la France que cette transformation ! Plus d'habits couverts d'or, plus de brillant choquant la vue sur les poitrines et qui sont d'un très-mauvais effet sur l'armée en général, plus de ces hommes faisant le métier de tuer à tout commandement, se croyant les seuls méritants, et qui cependant ont montré si peu de génie, si peu de valeur, si peu de foi, si peu de vertu sur les champs de bataille, dans l'affreuse crise que nous traversons.

Non, plus d'esclaves, plus de tyrans, mais des hommes libres, acceptant largement le devoir, dignes de maintenir la liberté.

Nous serons des hommes de paix, de travail, de fraternité ; nous voulons conquérir les cœurs, l'amour des peuples, et non leurs territoires, dont nous n'avons que faire, et qui ne pourraient en rien ajouter à notre bonheur.

Ayant abattu ces vieux états-majors, ces comités d'artillerie si fiers, qui refusaient nos canons, nos mitrailleuses, nos moyens de défense créés par l'industrie privée ; ayant mis sous nos pieds l'orgueil, les vanités, tout simplifié, tout assuré autour de nous, mis les hommes d'action, les hommes de principes, les hommes de vertu aux lieu et place des hommes de parade, qui ne cherchaient que les hochets, les positions et les titres, quelles économies seront réalisées ! Quels changements seront produits en France !

Au lieu de titres, un beau nom ressortissant, naissant de nos actes ! au lieu de croix, de crachats, **une mise à** l'ordre du jour, une inscription sur le livre d'or de l'honneur et de la gloire... c'est assez pour des braves, assez pour de vrais citoyens.

Que de millions nous allons économiser sur le budget de la guerre ! Que d'hommes nous allons rendre à l'atelier, et surtout à l'agriculture ! Comme nos champs vont en profiter et se fertiliser !

Et le **Budget des Cultes**, faudra-t-il le supprimer ? Sans doute. Chaque ville, chaque village soignera son prêtre, son pasteur, son rabbin. Quoi ! nous serions cinq cents ou mille catholiques dans une localité, et nous ne pourrions, entre tous, nourrir notre curé ? Nous aurions bien peu de dévouement, bien peu d'attachement, d'amour pour sa personne et ses enseignements ! Il en serait de même pour les ministres des autres cultes.

Les évêques, dans chaque diocèse, en recevant quelques oboles de chaque membre de leur vaste troupeau, auraient une existence assurée, mais non princière je crois. Au reste, pourquoi vivre dans des somptueux palais, mêlés aux grands de la terre ? N'oublions pas notre origine, habitons les simples demeures, vivons avec la foule, avec les pauvres ; nous sommes les disciples, les apôtres du Christ, suivons ses principes, son genre de vie, et faisons aimer et pratiquer sa morale et ses vertus.

Dans de petites localités, où la population est fort peu nombreuse, il pourrait se faire que le ministre de la religion, de quelque culte que ce fût, n'obtînt pas d'un trop minime troupeau tout ce qui serait nécessaire à son existence. En ce cas, que faire ? On peut instruire quelques enfants, ou pratiquer un métier ; on se fait teneur de livres, comptable, arpenteur, ou bien on loue un lopin de terre, un jardin, on le cultive, on fait pousser le blé et les légumes, on récolte des fruits, et ce travail est béni de Dieu.

Que faisait donc saint Paul ? Des voiles de vaisseau !

Que nous dit-il ?

« Celui qui ne veut pas travailler ne doit pas manger. »

Travaillons donc, la religion l'ordonne, le devoir le prescrit, et les bons exemples profitent à l'humanité.

Voilà encore une économie qui amoindrira notre budget, et qui ne peut que profiter au peuple et à la religion, en rendant le prêtre le frère réel de l'artisan et du cultivateur.

III.

Les **Impôts** doivent être vraiment proportionnels; cependant, dans un temps de crise, de misère publique, de ruine, de sang, de mort, comme celui où nous sommes, je ne reculerais pas devant un impôt extraordinaire et progressif, mais frappé une fois pour toutes sur l'ensemble de chaque fortune. Moi, je suis loin d'être riche ; j'ai dévoré mon pauvre patrimoine par la prison, par l'exil, par les soins à donner à ma famille, à mon beau-père, à ma belle-mère, par mon dévouement à mes frères les travailleurs, qui sont bien loin de se douter de tout ce que j'ai fait pour eux !

Forcé par la nécessité, je me suis fait marchand de vin au panier, à la bouteille après avoir été trente ans professeur d'architecture et de trait, de coupes de bois et de coupes de pierre, et ça marche ; nous vivons ! Eh bien ! si maintenant on me disait : Pour le salut de la patrie, pour racheter le peuple de la famine, de la servitude, il nous faut le quart, le tiers, la moitié de ce qui vous reste, je répondrais : prenez-le.

C'est que je sens en moi la puissance du sacrifice ; c'est que mon cœur souffre à voir mourir mes frères de faim, menacés peut-être de maladies terribles, de pestes hideuses, et que je suppose dans autrui la même sensibilité, le même dévouement.

Il faut donc que les forts viennent au secours des faibles, qu'ils aident à les relever ; il y va du salut de tous.

Je dis donc à ceux qui gouvernent, à ceux qui gouverneront, à l'assemblée nationale qui va se réunir : Frappez-nous, abaissez-nous, relevez les pauvres, et qu'il y ait du pain, des soins pour tous les enfants de Dieu.

Je sais que les uns donneraient de bonne volonté, inspirés par un noble cœur ; mais d'autres sont égoïstes, ladres, aveugles, et laisseraient volontiers mourir leurs frères de besoin et la patrie se tordre dans l'agonie.

Il faut donc une loi, une loi rigoureuse et juste, que Jésus eût approuvée, que Jésus eût votée, car on sait comment il conseillait le don, le sacrifice, la générosité.

Ne pourrait-on pas dire à celui qui possède cent mille francs, et ici je parle par supposition, je propose un chiffre quelconque, qu'on peut baisser ou monter : la représentation nationale, par une loi de salut public, vous impose de 1 franc par mille francs sur tout votre avoir, une fois donné, et pour ne pas y revenir. Pour celui qui possède deux cent mille francs, ce serait deux par mille, et en allant ainsi toujours en montant et progressant, on atteindrait les millions, et des sommes énormes tomberaient dans les coffres de l'État. Elles serviraient à notre délivrance, à l'apaisement de la faim, à relever le peuple, à occuper les bras, à produire l'ordre et la concorde dans la nation.

Cependant, s'il y avait des plaintes, des cris extrêmes, si le sacrifice paraissait une monstruosité, je dirais aux plus hostiles : Calmez-vous, rien de force ici ; ne versez rien si tel est votre bon plaisir ; je vous y autorise ; mais, une observation, et méditez-la : vos biens sont à vous, oui, cependant à une condition essentielle, c'est que l'État vous protége, vous maintienne dans votre avoir. S'il retirait la main qui fait votre force, votre droit, votre puissance de possession, un plus fort que vous viendrait, vous jetterait à la porte, prendrait votre lieu et place, serait à son tour propriétaire, et vous, vous iriez tendre la main, ou chercher un travail ingrat, qui vous nourrirait tant bien que mal, à la sueur de votre front : vous ne seriez plus qu'un pauvre, ballotté par le mauvais sort.

Voulez-vous être hors la loi, non protégé par elle, à la merci de tous les fripons ? Vous êtes libre, mais vous êtes perdu, ou bien venez à notre secours et vous aurez le nôtre ; aidez-nous et nous vous aiderons ; sacrifiez un peu de vos biens à la misère publique, à la rédemption de la patrie, vous conserverez tout le reste en sécurité, et vous vivrez en paix.

Qui pourrait reculer en un pareil moment ?

Il peut se faire que celui qui possède ostensiblement des richesses, des biens considérables, soit moins riche qu'on ne le croit. Il peut être endetté, grevé d'hypothèques. En ce cas, si son bien n'est à lui qu'à moitié, le prêteur et l'argent auront leur juste part de charges à supporter, — et ce sera là de la justice.

Je ne sais s'il ne serait pas urgent, en telle situation, pour faciliter le versement de l'impôt, de créer des bons hypothécaires en noms personnels, reposant sur la propriété, et qui ainsi ne pourraient rien perdre de leur valeur première.

Au zélé protestant, à l'ardent catholique qui repousseraient avec horreur ma proposition et m'accableraient de gros mots, je répondrais: inclinez-vous devant Jésus, ou ne dites pas que vous êtes ses vrais disciples. Que dit-il au jeune homme qui vient le consulter sur la perfection ? Ceci :

« Si vous voulez être parfait, allez, et vendez ce que vous avez, et donnez-le aux pauvres, et vous aurez un trésor dans le ciel. »

On le voit, on en sera convaincu, si je suis coupable, je le suis en bonne société, et je ne cesserai de crier bien haut : Riches, gens de cœur, voyez la situation ! Prêtres de toutes les religions, philantropes dévoués, philosophes, orateurs qui avez de l'autorité, touchez les cœurs, émouvez les âmes, inspirez-nous à tous un saint enthousiasme, un radical dévouement. Si la loi nous impose, ne murmurons pas, allons au-delà de ses prescriptions.., ne marchandons pas le bienfait. Un gouffre béant est devant nous : jetez vos dons, jetez une partie de vos richesses, comblez-le, et la misère disparaîtra, et de nouveaux beaux jours luiront pour la France, et nos poitrines se dilateront, et nous serons tous sauvés et tous heureux ! Allez ! bonnes âmes ! en avant le dévouement et la bienfaisance !

Revenons à notre étude sèche et financière.

Il ne s'agirait pas seulement de frapper la richesse d'un impôt qu'elle peut supporter sans cesser d'être la richesse, il faudrait aussi frapper le vol déguisé, la friponnerie à tous les degrés, et mes regards se portent en haut.

Voilà un homme qui n'avait presque rien, supposons cent mille francs ; il a été ministre pendant dix ans, aux appointements de cent mille francs. Qu'il ait dépensé la moitié de son salaire; il lui resterait, pour les dix années, cinq cent mille francs, qui, grossis des cent mille francs qu'il avait déjà, ferait un total de six cent mille francs. Mais, chose étrange, au lieu de ce capital assez passable, il a six millions ! D'où vient cela ?

Les Athéniens étaient obligés de prouver d'où ils tiraient leurs moyens d'existence, d'où venaient de certaines fortunes trop rapides, trop colossales. Ici je serai curieux comme un Athénien. D'où viennent donc ces six millions ? Prouvez. Se figure-t-on l'embarras du Crésus ! — Eh ! mais, j'ai joué à la Bourse. — Ah ! vous donniez de fausses nouvelles, vous faisiez la hausse et la baisse, vous jouiez avec de mauvaises cartes préparées d'avance, et vous étiez sûr d'empocher de l'argent. Vous ne le deviez pas. — Je donnais des indices, des plans pour de nouvelles rues, de nouvelles places ; les maisons croulaient de toutes parts. Des hommes intelligents, adroits, me renseignaient ; j'achetais, je faisais acheter aux bons endroits, en temps propice, sous différents noms. Nous revendions et je trouvais là de bons petits bénéfices. — C'est mal ! très mal ! — J'ajoute que dans de certaines concessions, en faveur desquelles je m'étais employé, dans des achats réalisés à de bonnes conditions, dans des entreprises bien conduites, que j'avais encouragées, j'ai obtenu des actions, des témoignages de reconnaissance, des encouragements chaudement formulés. Vous le voyez, je n'ai pas volé l'État, et ma fortune est des mieux acquises. — Je ne suis pas de votre avis ; je vous payais pour être ministre, pour en remplir la charge, la fonction, pour donner tous vos soins aux intérêts de la France, que vous négligiez, que vous trahissiez pour vous occuper de vos intérêts à vous, à vous homme lâche et cupide. Voilà pourquoi notre pays s'est démoralisé, voilà pourquoi nos affaires ont si mal tourné, voilà pourquoi nous sommes envahis, voilà pourquoi l'ennemi nous tient le pied sur la poitrine et nous étouffe et nous tue. Enfin vous avez spéculé agioté, trompé, négligé ou gâté l'œuvre pour laquelle vous étiez grassement rétribué. C'est grave. La justice avisera et décidera.

Et vous généraux, et vous ministres, et vous ambassadeurs, et vous sénateurs aveugles et furibonds, et vous députés officiels payés par le budget et sur la cassette impériale, et vous Pouvoir exécutif dans toute sa vaste étendue, qui, payés pour avoir l'œil sans cesse ouvert sur la patrie et sur le monde entier, pour vous livrer aux études approfondies, aux travaux les plus graves, les plus sérieux, pour penser au présent, pour prévoir l'avenir, vous qui négligiez tout ce qui était de votre compétence, dans votre devoir, dans vos attributions, pour briller dans un bal, pour trôner dans un festin, pour vous pavaner dans un riche costume, sous les décorations qui écrasaient vos poitrines, vous qui, oubliant le peuple, la patrie, rampant devant un homme, lui jetant l'encens, la flatterie pour attirer ses regards et ses faveurs, et capables, si un ours, un lion, un tigre ou un singe était roi, de lui prodiguer les mêmes génuflexions, de lui offrir le même concours, vous qui avez poussé à la guerre, vous qui avez crié : A Berlin ! à Berlin !

Vous qui n'avez point su organiser nos armées, les approvisionner, les alimenter, les masser ;

Vous qui vous êtes laissés surprendre en toute occasion ;

Vous qui avez dansé la veillle du grand désastre de Sedan, croyez-vous que tout soit fini ?

Si un ouvrier, si un entreprenenr conçoit mal son travail et le gâte, il en subit les conséquences, il éprouve des retenues, il est ruiné parfois.

Et vous déchaînerez la guerre, et vous la conduirez de la façon la plus folle ou la plus criminelle, et vous attirerez sur nous l'invasion, et vous serez la cause de la perte de nos villes, du ravage de nos campagnes, de la ruine de la patrie, de son asservissement, et vous vous en laverez les mains ! Je ne suis pas de votre avis.

Je vous rends responsables de l'horrible situation dans laquelle vous nous avez placés.

Je n'en veux pas à vos vies du moment qu'il n'y a pas trahison, mais incapacité, manque d'ardeur, de foi seulement, ce qui est déjà beaucoup trop, et comme l'ouvrier qui gâte son travail, je vous rends responsables du vôtre, et nous aurons à régler ensemble.

Et voilà les grands généraux de l'empire en 1870, qui ne voulaient pas de gardes nationaux, de gardes mobiles, qui refusaient d'armer le peuple, qui dédaignaient, qui raillaient nos volontaires de 1792!... Qu'ils s'agenouillent devant les Hoche, les Marceau, les Kléber, et qu'ils reconnaissent qu'ils sont bien petits devant ces grands hommes!

Assez! assez! de ces armées permenantes, de ces généraux, de ces états-majors routiniers, trop superbes, trop resplendissants. Il n'en faut plus.

IV.

Que les plus hauts **traitements**, ceux des ministres, ceux des ambassadeurs, ne s'élèvent pas au-dessus de 25,000 francs, les frais de représentation en plus, pour ces derniers surtout. Si le fonctionnaire est pauvre, il n'a pas besoin de beaucoup pour vivre ; et s'il est riche, s'il a le goût de la dépense, il peut appeler à son aide sa fortune privée, on lui en laissera la liberté. C'est dans les temps où l'on a le plus fortement rétribué, décoré les hauts employés, qu'ils nous ont servi avec le moins d'intelligence, d'énergie, de dévouement.

On ne voyait que le tas d'argent, l'accumulation de la richesse, les satisfactions de la vanité. On se corrompait, on corrompait la nation, on donnait les plus funestes exemples.

Pensons à l'honneur, n'oublions pas notre conscience, notre dignité, et les plus haut placés marchant droit, le peuple, qui n'est pas sans les voir, les imitera et se relèvera glorieusement.

La cupidité des uns a produit la cupidité de l'autre ; la bassesse des grands a engendré la dégradation, et à la fin l'esprit de contention et de révolte des petits. Il ne faut pas qu'il en soit de même à l'avenir.

Portons le traitement du président de la République à 300,000 francs ; c'est assez, c'est peut-être trop ;

Celui du vice-président à 100,000 francs.

Quelle sera l'indemnité du représentant du peuple ? Parlons de 9,000 francs ; allons même jusqu'à 10,000, s'il le faut. Mais ici, une remarque : c'est là la fonction la moins sûre, la moins durable parfois, la plus entourée de péril, de tracas, de fatigues, d'inconvénients de toutes sortes. Les demandes, les plaintes, les sollicitations pleuvent sans fin ! Et puis ceci encore : Un médecin quitte ses malades ; un avoué, un notaire, un avocat, sa charge, son étude ; un industriel ses ateliers, sa fabrique, son usine ; un artisan sa boutique ou son chantier.

Les voilà dans la capitale, s'occupant des grands intérêts de la patrie. Il arrive qu'au bout de deux ou trois ans beaucoup ne sont pas réélus. Ils retournent au pays... Le médecin ne trouve plus de malades à soigner, l'avocat plus de clients, l'industriel un commerce en souffrance, l'artisan plus de travail; d'autres ont pris leurs places et les ont supplantés. On le voit, tout n'est pas rose dans cette noble et magnifique fonction de représentant du peuple; et pourtant à lui qui fait la constitution, à lui qui fait la loi, à lui qui fixe le chiffre des traitements, neuf ou dix mille francs suffisent, il n'en veut pas davantage.

Pourquoi cette même somme ne suffirait-elle pas aux présidents des cours, même à celui de la cour de cassation, aux procureurs de la République, aux avocats généraux, aux conseillers d'État, aux préfets, aux généraux, aux amiraux, aux chefs de division, aux employés des postes les plus élevés ? Ce qui suffit au représentant du peuple doit suffire à tous ceux qui tiennent les hauts emplois; il faut qu'il en soit ainsi, il le faut absolument. et tout est à réviser dans le taux des traitements et des indemnités.

Non-seulement il faut abaisser les hauts traitements, supprimer les pensions mal acquises, données par faveur à des millionnaires sans cœur qui ne rougissent pas de dévorer la maigre substance des pauvres, mais encore il faut porter la main sur les **administrations**, supprimer une foule d'emplois inutiles ou nuisibles, exiger de chacun un service actif, régulier, honnête, et alors nous obtiendrons un travail suivi, ponctuel, intelligent, sur lequel nous pourrons compter à son jour, à son heure, à sa minute, et des économies considérables.

Sur la guerre, sur la marine, sur les intendances, sur les administrations, sur tout, partout, que de réformes à faire! Et notre épouvantable guerre ne l'a-t-elle pas que trop prouvé ? Les employés, et ils étaient quatre où il en fallait un, lisaient leur journal, fumaient leur cigare, se regardaient les uns les autres, causaient tout bas, parfois d'amour, parfois de rendez-vous ou de parties de plaisir, et il ne fallait pas les interrompre, les troubler. et leur dire : je suis là, j'attends ; autrement, garè la colère, gare aux mots grossiers !

Pauvre public ! comme il était traité bien souvent par

ceux auxquels il donne la pâture, qu'il nourrit du fruit de ses sueurs et qui sont loin, très-loin de reconnaître leur maître et le principe de leur situation.

Oui, public, ne sois pas si bruyant, car il faut aussi que tu te corriges; tu en as grand besoin, et les courtisans et tes flatteurs seuls peuvent te dire le contraire; donc, sois poli, sois convenable, sois respectueux, sois juste, sois bon maître; mais j'exige que l'on fasse cas de toi, que l'on te respecte, et j'appelle, à cet égard, la surveillance la plus active des gouvernants, celle de certaines puissantes compagnies vis-à-vis des fonctionnaires, vis-à-vis des employés, et une rigueur nécessaire, salutaire contre quiconque l'aura mérité. Brisons donc avec les mauvaises habitudes du passé.

Qu'on écoute les plaintes contre quiconque fait mal; que la loi soit respectée de tous; plus de priviléges nulle part. Au lieu de soustraire le fonctionnaire de l'État à la punition qu'il aurait encourue s'il était simple particulier, frappez-le doublement, car il ne pêche pas par ignorance; il nous doit l'exemple du bien; malheur à lui s'il donne l'exemple du mal!...

A l'**instruction publique** donnons tous nos soins et des millions; il le faut, il le faut absolument.

Il nous faut l'instruction gratuite, obligatoire. — Quoi, dira un père absurde, est-ce que mon enfant ne m'appartient pas? Est-ce que je n'en suis pas le maître? Est ce que je ne puis pas en faire tout ce que je veux? — Non, mon ami, non, vous n'avez pas ce droit. Vous êtes son père, mais nous sommes la société, et c'est au milieu de la société qu'il doit vivre, qu'il doit se manifester, pour devenir chef de famille à son tour; vous ne devez pas, vous ne pouvez pas en faire un sauvage, une brute, un voleur, un assassin, capable de nous troubler, de nous causer les plus grands préjudices.

Nous voulons qu'il soit un homme, pour votre honneur, pour son bien et pour le nôtre, et au besoin, nous vous l'enlèverons.

— Mais c'est de la violence, c'est de la tyrannie! — Que faisait-on, jusqu'à présent? On vous arrachait vos enfants à vingt ans, au moment où ils pouvaient vous aider, pour en faire des soldats, pour leur apprendre à manier le fusil, à tuer les hommes, et on les gardait sept ans dans ce beau métier, s'ennuyant dans les casernes, se corrompant dans les garnisons, oubliant le peu qu'ils savaient de leur métier, foulant sous leurs pieds toute habitude, tout amour du travail; et vous ne disiez rien, et vous ne protestiez pas, car la chose vous paraissait toute simple, toute naturelle.

Maintenant on les prendra pour les instruire, leur donner une bonne éducation, de bonnes mœurs, en faire des hommes; ils seront sous nos yeux et sous les vôtres; grands, ils ne vous quitteront pas, ils resteront votre appui, votre consolation ; l'atelier retentira du bruit de leur travail, et les champs, sous leurs mains, nous donneront l'abondance; et vous vous plaignez? — C'est que je suis pauvre et que je ne puis les nourrir à rien faire.

— Ne vous inquiétez pas ; nous ferons une enquête, et lorsque la situation pénible du père sera constatée, l'enfant ne manquera pas de pain ; nous le nourrirons. Nous voulons former des hommes, des citoyens, et non des absurdes, des ladres, des fripons.

Je veux qu'on enseigne la lecture, l'écriture, le calcul, le dessin, les plans, la géographie, la politesse, un bon langage, une bonne morale, une bonne philosophie pratique; que l'on sache quelque chose des lois, de la constitution, de la façon dont les hommes doivent se gouverner, vivre dans la famille et dans la société... Et puis, il ne faut pas être bouché, absurde sur l'histoire; il faut savoir quelque chose des temps passés, des temps modernes, du temps actuel; il faut étendre nos intelligences, il faut ennoblir nos cœurs, il faut les faire battre pour notre prochain, pour l'humanité. Alors combien de misères seront supprimées ici-bas parmi les hommes !

Je ne veux pas que l'on fasse dans l'école, où les enfants de tout culte se confondent, des catholiques, des protestants, des juifs ou des mahométans ; ces soins regardent les familles, les ministres de chaque religion, et ils ont des églises, des temples, des synagogues pour se livrer aux enseignements qui leur sont propres ; notre occupation à nous consistera à faire des hommes éclairés, d'honnêtes gens, de vertueux citoyens.

Je ne demande pas cependant que l'on supprime Dieu,

que l'on proscrive son nom, que les figures de Moïse, de Jésus, ou de tout autre fondateur de religion soient dérobées à la vue des hommes, et je ne suis pas d'accord, à ce sujet, avec tous les démocrates, il y a des divergences entre nous.

Si le nom de Dieu ne devait plus frapper les oreilles des enfants, il faudrait mettre à l'index presque tous les plus grands auteurs, les cacher, les enterrer, tels que Voltaire, Rousseau, Montesquieu, Buffon, Fénelon, Hugo, Lamartine, Béranger, Lamennais, Châteaubriand, Corneille, Racine. Les plus beaux traités de philosophie, les plus magnifiques poèmes de l'antiquité et des temps modernes, les noms de Moïse, de Socrate, de Jésus, de Mahomet, d'Homère, de Virgile, du Tasse, de Milton, devraient tomber dans le néant... Quelles calamités ! Et ces rigueurs, où nous mèneraient-elles ?

Je ne suis pas disposé à de tels sacrifices ; je ne me courberais pas devant de tels actes d'intolérance. Je veux la liberté d'examen, mais je veux aussi la liberté de conscience, la liberté des cultes. Respect à ce qui élève la pensée, à ce qui ennoblit l'âme ; ne foulons pas sous nos pieds tout idéal. Nous aurions tué l'esprit, nous aurions tué l'homme. Gardons-nous-en bien.

Il y aura l'étude intérieure dans l'école et l'étude extérieure en plein air. Il faut aux élèves des excursions dans la campagne, il faut leur montrer les plantes, les arbres, leur en dire les noms, les qualités, les propriétés; il faut leur apprendre à tailler, à greffer, les initier aux beautés, aux secrets, aux merveilles de la nature; il faut leur montrer les cieux étoilés, leur donner quelques explications simples et grandes, il faut leur faire aimer tout ce qui est sublime, tout ce qui porte l'esprit à la recherche, à l'admiration et élève l'âme et le cœur ; il leur faut des courses, des sauts, des luttes, de la gymnastique, des chants, des chœurs, de la musique ; le maniement des armes, non pas pour en faire des querelleurs, des agresseurs violents contre n'importe quelle nation, mais pour les mettre à même, l'âge venu, de défendre la patrie, si jamais elle était attaquée.

N'oublions pas, non plus, de les rendre simples, soumis à leurs parents, à leurs professeurs, à leurs chefs,

respectueux envers les vieillards; car qui est orgueilleux
trop jeune ne sera jamais savant; qui n'a jamais su obéir
ne sera jamais digne de commander.

Non, non, rien d'étroit, rien d'injuste; enseignons
l'amour de la patrie, mais en même temps l'amour de
l'humanité.

Qu'on ne vienne pas me parler des Francs, des Gau-
lois, pour les mettre en opposition et les pousser à la
discorde; de diverses races, de diverses classes, de
différentes couleurs parmi les mortels, pour les rendre
hostiles les uns aux autres. Que m'importe, à moi! je ne
veux voir qu'une race, je ne veux voir qu'une espèce, je
ne veux voir que des frères parmi les hommes; et sur ce
principe je suis inébranlable.

Je traite, en principe, de l'instruction populaire; à
d'autres à nous entretenir des hautes études.

A côté de l'instruction donnée par l'État, laissons
l'instruction privée se donner carrière et concourir avec
nous à former des hommes dignes de la France et de la
République.

Formons des enfants honnêtes, qui grandiront au milieu d'une société régénérée.

Ils seront simples, ils seront modestes, ils aimeront le
travail, ils fuiront la débauche, vivront dans la vertu,
l'honnêteté, et leur distraction sera digne, sans manquer
d'être gaie. Ils auront les joies de l'esprit, de l'âme, du
cœur, les jouissances de l'homme, mille fois supérieures
à celles de la brute.

Alors, plus de voleurs, plus de geôliers, plus de pri-
sons, plus de gendarmes, peu d'agents de police, peu
de juges, peu d'avocats...

Ce sera le paradis sur terre!

Et les millions consacrés à l'instruction gratuite, obligatoire, nous auront rapporté des milliards...

Ce sera tout profit!

V.

La liberté! Mais il faut comprendre ce que c'est que
la liberté! La liberté sans le devoir serait une folie; ce
serait la force, ce serait la violence, ce serait l'absence

de tout ordre, de toute sécurité, de toute propriété ; ce serait l'esclavage du faible, du bon ; le triomphe du méchant, le malheur de tous.

La liberté c'est l'initiative de l'homme, son développement, son droit à exprimer sa pensée, à se donner des lois, à s'élire des chefs, à cultiver son lopin de terre, assuré d'en récolter les fruits ; c'est ne pas nuire à autrui, c'est n'avoir rien à en souffrir, c'est se protéger les uns les autres, c'est établir entre tous les citoyens, par un mutuel accord, le droit, la règle, la solidarité, la fraternité.

Gloire aux peuples qui sont dignes de la liberté ! Qui vivent en liberté!... Mais qu'ils sont rares!... C'est qu'il faut de l'intelligence ! C'est qu'il faut de la vertu !

Chez les compagnons, les uns sont les compagnons de la liberté, et il est bien sous-entendu que la liberté implique le devoir ; les autres sont les compagnons du devoir, et il est bien compris que le devoir ne serait plus le devoir s'il laissait crouler la liberté.

N'est-ce pas beau ? n'est-ce pas magnifique de trouver de tels principes chez nos compagnons du tour de France !

Donc, **liberté,** et ici je vais me répéter un peu pour me compléter.

Liberté d'association, de coopération , de phalanstère, de **communauté** ; mais l'État, le peuple dominant tout, surveillant tout.

Vouloir rendre l'État, le gouvernement communiste, lui sacrifier l'initiative, la liberté individuelle ; c'est peu sensé, c'est peu réfléchi.

Les gouvernements, généralement, administrent, ils ne doivent pas pousser au-delà, et pourtant ils deviennent parfois trop puissants, trop dominateurs, et détruisent, au moins pour un temps, les libertés publiques, les droits populaires. Donnez à ceux qui sont placés en haut de l'échelle sociale, outre le soin de nous administrer, celui de gérer la terre, l'industrie, le commerce ; d'habiller, de nourrir, de faire travailler tous les hommes, de les organiser, de les grouper par corps de métier, par compagnies, par bataillons, par régiments, leur imposant la discipline, les dominant comme on domine les soldat, donnant l'instruction, l'éducation à leur guise, cultivant la raison moins que les préjugés, faisant renaître les vieilles castes de l'Inde se haïssant les unes les autres, est-ce que les ordonnateurs placés ainsi à notre tête, centuplant le nombre de leurs employés, de leurs créatures ne deviennent pas des maîtres absolus?

Est-ce que la masse, réduite à l'état d'un vaste troupeau, ayant perdu son droit de propriété individuelle, ne perd pas, du même coup, sa liberté et toutes ses énergiques et grandes qualités?

Qu'on étudie les lois de Manou. La terre était commune ; mais les prêtres, les guerriers disposaient de tout, la foule de rien : elle était esclave.

Notre Jardin-des-Plantes est une propriété commune ; elle est administrée par l'État. Cueillez une fleur ; vous subirez une contravention.

Au temps où nous sommes, sous les bombes prussiennes ; même à la cessation de leurs bruits et de leurs ravages, sous ce qu'on appelle l'armistice et qui est moins et plus qu'une capitulation, car nous avons lié la France, nous sommes dans une sorte de communauté : le gouvernement habille, nourrit des masses d'hommes ; guerre pour le pain, guerre pour la viande, guerre pour le bois. Hé bien ! n'en voilà-t-il pas assez de cette période de guerre, de bousculades, de queues sans fin, où tant d'hommes, de femmes, d'enfants attendent de longues heures dans les rues, attrapant des rhumes funestes, des chauds et froids mortels? Crions donc : Vive l'industrie privée et vive la liberté !

Cependant, tenons compte des forces majeures qui nous réduisent au triste état que nous traversons et sachons souffrir avec fermeté.

Proudhon, lui, attaqua rudement le communisme. En 1848 et après, avec son style énergique, imagé, passionné, brutal, il s'en prenait à Cabet, à Louis Blanc, à Considérant, à Pierre Leroux, à Bastiat ; luttait contre eux, les secouait, les renversait, les roulait avec fureur, et cela aux applaudissements de la réaction. Aussi, les caricatures du temps le représentaient-elles en boulanger, le tablier de toile attaché à ses flancs, le corps, les jambes, les bras nus, armé de la pelle au long manche, et poussant dans le four, sous forme de volailles plumées à figures d'hommes fort ressemblantes, ses cinq adversaires, qu'il faisait cuire, rôtir au feu le plus ardent.

Mais Proudhon, si rude lutteur, si violent satirique, que demandait-il ? Que voulait-il ? Quel était son cri ? Le voici : Plus de gouvernement, plus de constitution, plus de lois, **l'anarchie**, les communes divisées les unes des autres ; chaque commune se gouvernant elle-même, absolument, comme elle le voudra. Crédit gratuit, et cependant des frais énormes pour soutenir la maison de banque; plus de Dieu ; Dieu c'est le Diable ; la propriété c'est le vol. A bas Rousseau ! A bas Robespierre ! Puis, pendant la lutte des Russes contre les Polonais, il est Russe ; des Italiens en faveur de leur unité, il est Autrichien, il est papiste ; lors de la guerre civile des Américains, il est pour le Sud contre le Nord ; il est esclavagiste. Et après le triomphe du 2 décembre, après le renversement de la République, que dit-il ?

« La démocratie ne pouvait opérer rien de bon. *J'ai poussé de toutes mes forces à la désorganisation polilique.* »

« Le progrès n'est pas dans la constitution du groupe, qui reste éternellement spontané et libre, il est dans *l'exaltation de l'individu*,» — C'est cela, dans l'orgueil, dans la vanité, dans l'égoïsme personnel et l'esprit de chicane.

« Quant aux masses, si pauvre que fût leur intelligence, si faible que je connusse leur vertu, je les craignais moins en pleine anarchie qu'au scrutin. »

« Le peuple, qui juge les hommes d'après lui-même, sait qu'ils peuvent trahir et se vendre, mais qu'ils ne changent pas. »

« Je l'ai vu, et mille autres aussi peu suspects de bonapartisme l'ont vu aussi: ce n'est pas la force armée, c'est le peuple indifférent ou plutôt sympathique, qui a décidé le mouvement en faveur de Napoléon. La bataille était gagnée avant d'être livrée. *Depuis trois ans la révolution appelait un chef.* Bonaparte n'avait à répondre que ces deux mots: Me voilà ! Eh bien ! c'est deux mots, il les a dits. »

« Louis-Napoléon devient l'organe de la révolution. »

Et voilà comment un colosse du socialisme juge du

coup d'État, entrevoit l'avenir, et condamne la société!...
Aveugle ! A quoi te sert donc la science et le don de la
plume ? Parlez-moi des simples d'esprit, mais qui ont
quelque chose dans la poitrine ; ils sont moins bêtes ; ils
voient plus clair et plus loin.

Ainsi Proudhon approuve le coup d'État, bat des
mains à notre asservissement; nos malheurs ne le tou-
chent en aucune façon ; et dans un livre intitulé: *De la
paix et de la guerre*, il sanctifie la force, le succès, le
crime triomphant, et comme Bismarck, il ose dire ou
sous entendre : *La force prime le droit.*

Comment! vous criez : Plus de Constitution, de lois,
de gouvernement; mais des communes sans liens ; probablement plus de routes, plus de canaux, plus de ponts; et
lorsque vous nous avez isolés les uns des autres, affaiblis
de toutes parts, rendus incapables de nous défendre,
vous venez sanctifier la force et nous crier dans les oreilles que la force prime le droit!...

N'est-ce pas livrer aux voleurs le fruit de nos travaux?
aux barbares, aux brigands unis toute vaste civilisation
trop confiante, divisée par petits groupes mal liés, ainsi
que vous les constituez ? N'est-ce pas faire notre misère ?
N'est-ce pas amener notre ruine ?

Est-ce avec de tels principes que l'on formera des
hommes, des défenseurs de la patrie, de vertueux et
braves citoyens?...

Non, point de communisme gouvernemental, mais surtout loin de nous la hideuse anarchie.

Donc, restons dans le possible, dans la pratique,
Instituons un gouvernement acceptable pour la France,
pouvant satisfaire, servir, améliorer la population qui
vit sous nos yeux. Si notre organisation est d'abord in-
complète, faisons-la progresser. Socialistes, communistes,
républicains bien inspirés, tâchez d'arriver à la représentation nationale. Une bonne idée naît-elle dans votre esprit ou dans votre cœur, hâtez-vous de la formuler en
proposition, portez-la à la tribune : tâchez de la faire accepter, ce sera une loi, s'imposant à tous ; et ainsi de proposition en proposition, sans violence, par débats con-
tradictoires, amenez insensiblement toutes les réformes,

tous les progrès, toutes les améliorations dont nous avons besoin, et le peuple vous bénira.

Mais pas de troubles, de révolte; pas de despotisme, ni par en haut ni par en bas; pas d'anarchie; l'ordre et la liberté, et la République sera fondée.

VI.

Il est des hommes d'une rare énergie, d'un dévouement que je suis loin de contester, et qui depuis quelques mois crient bien haut: «J'offre mon bras à la république, je la défendrai envers tous et contre tous.»

Très beaux sentiments, sans doute.

Je leur répondais avec beaucoup de calme : Vous avez raison, mais chassons d'abord les Prussiens, purifions-nous de toute invasion étrangère... Que cette idée prime toutes les autres idées; ne faisons qu'un, ensuite, occupons-nous principalement de la république qu'il faudra constituer. Tâchons de la faire aimer, de nous faire aimer nous-mêmes, nous lui attirerons des masses de partisans et nous la ferons triompher sans violence et sans combat.

Dire : je veux ce gouvernement par ce que je le veux, parce que je l'aime, et je veux que chacun l'aime, sans quoi, je cogne ; mauvais moyen de propagande.

Tout ce qui croule a des raisons pour crouler.

Chaque **gouvernement qui tombe,** tombe par ses propres fautes, parce qu'il renfermait en lui les raisons de sa chute, et je veux le prouver; mais prenons la chose d'un peu haut.

L'*ancien régime* était absolu, intolérant : il persécutait les protestants, les juifs, les déistes, les philosophes, tout ce qui n'embrassait pas sans réserve sa croyance. On brûlait encore dans le dix-septième siècle pour fait d'opinion, pour fait de religion. L'autel était à côté du trône, le dominant parfois. La noblesse était tout, le peuple rien. On donnait sans cesse à ceux d'en haut, on prenait sans cesse à ceux d'en bas. Quelques-uns possédaient le sol, les richesses, la nation se trouva dans la misère. Le roi lui-même ne sut plus comment faire face aux affaires de l'État. Il y avait de grandes souffrances provenant de grandes iniquités. Il y eut trouble, révolution, chute, transformation. Il le fallait bien, c'était justice.

Voilà la *République !* elle fit des merveilles; elle régénéra la société, retrempa les hommes. Quel courage ! Quelle grandeur dans la défense du sol de la France ! Quels géants se manifestèrent comme par enchantement ! Et puis, quelle sublimité dans les principes ! Elle jeta dans le monde la déclaration des droits de l'homme et du citoyen, les idées de tolérance universelle, fit des lois de justice, d'égalité, dont toutes les nations devaient s'emparer les unes après les autres et se les approprier; renversa un vieux monde, fit un monde nouveau : c'était une œuvre colossale, terrible et divine.

Mais entre les plus puissants hommes d'alors, ce qui prouve que dans l'homme il y a toujours de l'homme, c'est-à-dire des faiblesses, se manifestèrent des rivalités, des jalousies, des haines, des discordes : la guillotine fit son terrible travail, des têtes tombèrent : Camille Desmoulins, André Chénier, Danton, Saint-Just, Robespierre, périrent sous le couteau triangulaire, on se détruisait les uns les autres : le sang appelait le sang. Eh bien ! ce fut un extrême malheur... Si nous avions pu nous sauver sans la terreur, sans les rigueurs les plus excessives, provoquées sans doute par des dangers sans exemple, la République nous restait et les catastrophes n'eussent pas sans fin succédé aux catastrophes. La République croula, violentée par un Bonaparte, laissant les plus magnifiques réformes et le plus terrible souvenir.

Voilà *Bonaparte !* Il est consul, il est empereur. Mais il est absolu, tranchant, cassant. Les hommes sont pour lui de petits enfants, des mirmidons; il les mène par le bout de l'oreille et tout s'aplatit devant sa brutale volonté ; il fait un peuple d'esclaves fanfarons, fanatiques. Il aime le bruit, la guerre, le sang, les fanfares de la gloire et les fumées de la vanité. C'est un artiste, un grand artiste ! il est souvent sur les tréteaux, en spectacle au monde, qui admire, frémit, tremble. Il veut que ses frères soient rois, ses sœurs reines; que tous soient à ses pieds. Il lutte, il lutte encore avec l'Allemagne, l'Espagne, la Russie, l'Angleterre ; il finit par irriter, par indigner les consciences, par coaliser contre lui tous les peuples, toutes les nations ; les mauvais jours arrivent, le voilà par terre.

L'orgueil, une ambition frénétique, insensée, un profond mépris des droits du peuple, des guerres impolitiques, injustes, faites à un point de vue étroit, personnel, dynastique, le perdirent, il tomba ; et revint pour retomber encore. Voilà deux invasions en moins d'un an, le sol de la patrie foulé, conquis par l'étranger, ce qui n'avait pas eu lieu depuis Charles VI l'imbécile. Et pourtant cet homme laissa un grand nom, nom aimé, nom maudit, brillant et funeste.

Voilà *Louis XVIII*, puis *Charles X*, successeur de son frère. Il régna de par le droit divin, amené chez nous par l'étranger : triste recommandation ! Il avait les préjugés de sa race. Ses prédilections étaient pour les prêtres, pour les nobles, non pour les bourgeois, non pour la roture. Entre lui et la nation, qui était l'élève de Voltaire et de Rousseau, il y avait un abîme, point de lien d'esprit, point de lien de cœur. Il fit la campagne d'Alger, il triompha ; il crut avoir triomphé de la France. Il lança ses ordonnances de Juillet, attentatoires à la liberté de la presse... Le peuple se souleva et le renversa.

Après, ce fut *Louis-Philippe* d'Orléans, parent du roi déchu, et quoique bourbon. Le cens électoral fut réduit de cinq cents à deux cents francs, le cens d'éligibilité de mille francs à cinq cents francs. Ce fut un roi bourgeois, entre la noblesse et le peuple, et ne voulant pas trop descendre dans celui-ci. Il chanta *la Marseillaise*, rappela Jemmapes et Valmy, fit le républicain, mais cela dura peu ; ses anciens amis durent s'éloigner de sa cour. Il était avare, et bien qu'il eût gardé par devers lui, employant un tour d'adresse peu royal, tous ses biens privés, biens qui s'élevaient à deux cent cinquante millions, il ne voulait pas y toucher pour les dotations de ses enfants. Il voulait qu'ils fussent dotés par la France : il demandait tantôt un million, tantôt deux, tantôt plus, — et parfois il éprouvait des échecs devant

la chambre des députés, ce qui faisait ressor..r sa ladrerie
et compromettait sa considération.

D'autre part il était obstiné, têtu à un très-haut degré.
Généralement, on n'en était pas encore à demander le
suffrage universel, mais un abaissement du cens de deux
cents à cent francs, plus l'adjonction des capacités; cette
demande était imposante, presque générale, et, au reste,
cette réforme n'avait rien de révolutionnaire. Quelques
bourgeois, quelques rentiers, quelques boutiquiers,
quelques anciens militaires ou fonctionnaires de plus sur
la liste électorale ne pouvaient en rien compromettre le
trône, au contraire. Mais bah ! Louis-Philippe avait dit
non, ce fut non. Avarice, entêtement, trop peu de grandeur, de dignité dans le caractère; roi trop peu royal ;
comprenant trop peu ce qui convient à l'esprit, au cœur,
à l'âme de la France, et le voilà renversé.

République de 1848 ! Suffrage universel : constitution
nouvelle très-démocratique, avec quelques défauts. Réformes utiles... abaissement du prix du port de lettres,
du sel, etc., etc. Pas de violences contre aucun parti. On
comprit qu'on pouvait vivre en république sans guillotine,
sans terreur, et le mot république ne fit plus frissonner
personne... On se fut habitué à cette forme de gouvernement... Mais quand la république vient, elle trouve
toujours les coffres vides, elle hérite toujours de la misère, des situations embarrassées, désespérées parfois, et
puis, il y eut des discordes entre les républicains; il y
eut un renversement d'assemblée, une lutte sanglante
dans la rue, ce qui fit reculer l'opinion publique, releva
la réaction et produisit une assemblée législative royaliste,
un président de la république conspirant contre la république.

Nos discordes civiles nous avaient perdus. Louis Bonaparte, comme son oncle, renversa le gouvernement du
peuple par le peuple, et le peuple ne protesta pas ainsi
qu'il eût dû le faire. Voilà le fruit de nos divisions...

Voilà donc le *second empire*, comme le premier, né
de la violence, sur les ruines d'une république ! Que va
donc faire ce président, cet empereur, ce Napoléon III,
ce prétendu républicain, ce traître à son serment, à la
patrie ?

Ce qu'il va faire ! Caresser les grands, flatter les petits, promettre monts et merveilles, tromper tout le monde, s'appuyer, comme toujours, sur ceux qui l'ont toujours accompagné, conspirant, de concert avec lui, pour partager sa mauvaise et surtout sa bonne et inique fortune ; oui, il va, toujours s'appuyant sur eux, emprisonner, proscrire, déporter les républicains, accabler, ruiner, détruire les familles ; tout homme qui le gêne, qui lui déplait, sera jeté sur la terre étrangère sans forme de procès, sans pitié pour sa femme, pour ses pauvres enfants, que la misère, que la mort viendront faucher ; son caprice est une loi absolue, sans appel.

Il tue la liberté, il met un bandeau sur les yeux du peuple, déjà fanatisé, déjà abruti par le nom de son oncle. Il appelle à lui tous les égoïsmes, toutes les ambitions, toutes les cupidités. Le mensonge plane, règne sur la France. Il y aura des assemblées muettes, une presse muette, des magistrats complaisants, des soldats encore plus. Personne n'osera ouvrir la bouche pour répandre au dehors ce qui fermente, bout, murmure dans le fond du cœur.

Maires, adjoints, gardes champêtres, commissaires de police, juges de paix, gendarmes, magistrats, préfets, officiers de l'armée, tous seront aux aguets, attendant le mot d'ordre, prêts à obéir à tout commandement, arrêtant, emprisonnant, proscrivant, n'importe qui, l'innocent comme le coupable. Personne ne s'appartiendra plus, la nation tremblera devant la nation ; gaspillage des finances, corruption, désordres partout ; politique sans franchise, sans loyauté ; plus d'amis vrais, plus d'alliés nulle part ; de la dissimulation, une convoitise insensée, des alliances prises et rompues ; une guerre sans sujet, mal préparée, mal conduite, mal soutenue.

Le prétendu grand homme croule à Sedan sans gloire, sans grandeur, et son armée, et surtout les généraux qui la conduisent, si vaillants pour renverser une constitution, une république, verser le sang du peuple dans les rues de Paris, se montrent incapables devant l'ennemi, défendent mal la patrie et se dissipent comme des ombres... Gardons-nous bien de commettre des crimes, de manquer au devoir, car le châtiment arrive tôt ou tard ; ne l'oublions pas.

La *branche aînée* des Bourbons représentait la légitimité, le droit divin, la noblesse, le clergé, de vieilles mœurs et ne manquait pas, malgré ses préjugés, d'une certaine valeur morale ;

La *branche cadette* représentait la bourgeoisie, l'usine, la fabrique, les classes moyennes, trop l'argent, trop l'égoïsme, il faut le reconnaître, mais les enfants d'un père avare et têtu ne manquaient pas de patriotisme, de vertus civiques et privées ;

Napoléon Ier représentait la gloire militaire, l'honneur national, le patriotisme ; la France lui était chère ; il se fut bien gardé de l'amoindrir et il laissa, malgré son despotisme, presque tout le peuple français son fanatique partisan.

Mais que représente donc aujourd'hui *Napoléon III* ? Ni la gloire, ni le courage, ni la vertu, ni la liberté, ni la noblesse, ni la bourgeoisie, ni le peuple, ni l'armée. Comment a-t-il commencé ? et puis comment a-t-il fini ? Après une telle chute, peut-on rester dans le cœur du peuple de France ?

Si encore, après Sedan, étant captif en Allemagne, il eût écrit ceci, et l'eût publié dans le monde entier : «O vous tous, qui m'avez été soumis, qui m'étiez dévoués : généraux, officiers, soldats, ministres, mes partisans de toutes les sortes ; le malheur m'a ouvert les **yeux**, et je prends une grave résolution : J'abdique pour moi, pour mon fils, pour toute ma famille ; je vous rends vos serments de fidélité ; reconnaissez donc la République, soumettez-vous à ses lois, offrez-lui vos épées, votre concours.

« Sauvez la France, délivrez-la de toute oppression ! Voilà le devoir suprême.»

«Allez ! Et... oubliez-moi ! ! ! »

Mais au lieu de parler ainsi, d'agir ainsi, il cabale, il intrigue, il conspire ; d'accord avec Bismark, il sème chez nous les germes de la discorde... il trahit la France. Quelle honte ! quelle monstruosité ! Jamais souverain en France n'était tombé si bas.

1870 ! c'est la *troisième République* ! Après la chute de nos armées, elle a relevé le drapeau de la France,

appelé le peuple aux armes, créé des canons, des mitrailleuses, organisé les moyens de défense... ici je ne
pousse pas plus loin. Un grand malheur nous frappe, et
j'éviterai toute récrimination. Je me borne à ce conseil :
Républicains, ne renouvelons pas les fautes de 1848,
nous arriverions au même résultat...

J'ai dit comment deux empires sont tombés, comment
trois monarchies, comment la première, comment la seconde République ont croulé dans la poussière; eh
bien ! faut-il renouveler les mêmes fautes ? faut-il marcher
sans cesse de bouleversement en bouleversement ?

Voyez le progrès qui s'est fait dans le monde et combien la liberté a étendu ses conquêtes ! Elle ne peut plus
reculer.

Quel est le gouvernement qui nous divise le moins ?
Quel est le gouvernement qui nous rapproche le plus ?
Quel est le gouvernement qui communique le mieux à
l'homme tout ce qui est nécessaire à son développement,
à son expansion, à l'exercice de ses facultés, de sa bonne
volonté, et le met le mieux à même de servir la patrie et
l'humanité ? Quel est le gouvernement qui s'ouvre à tous,
fait appel au concours de tous et est vraiment le gouvernement de tous? C'est la République.

Tâchons donc, Français, riches et pauvres, artisans,
paysans, bourgeois, industriels, négociants, artistes, de
nous rapprocher, de nous unir, de nous donner la main,
et tous ensemble, d'un commun accord, de constituer
une bonne, grande et sainte république; ce sera la gloire
de la France, ce sera le bonheur du monde entier.

VII.

Voilà à peu près la fin de ce travail écrit avec une
extrême rapidité, excité, pressé par la situation, le moment terrible où nous sommes. Il ne me reste plus maintenant qu'à me résumer, qu'à produire une sorte de table
des matières développée, un peu surchargée par endroit

et formant pour ainsi dire les principaux articles ou l'esprit d'une constitution républicaine, comme je la comprends.

Ainsi donc :

Maintien à tout jamais du *suffrage universel* ;

Liberté de la presse, sans timbre, sans cautionnement, avec responsabilité de tout écrit présumé coupable devant un jury ;

Liberté de réunion, d'association, de phalanstère, de communauté, en respectant les lois de la morale et de la société ;

Assemblée nationale souveraine, inviolable, élue pour deux ou trois ans, nommant le chef du pouvoir exécutif, toujours révocable par elle ;

A 24 ans on est *électeur*, à 25, *éligible* ;

Le chef du *pouvoir exécutif*, ou président de la République, issu de l'Assemblée nationale, nomme les ministres ;

Les *ministres*, nommés par le président de la République seront sous l'œil de l'Assemblée, avec laquelle ils devront marcher d'accord ;

Le *Conseil d'État* est une émanation de la chambre des représentants ;

L'*Algérie* et les *colonies* seront représentées dans l'Assemblée nationale ;

Le *mandat impératif* est une impossibilité ; tout ne peut être prévu d'avance par les électeurs, et ils ne peuvent faire de leurs mandataires d'absurdes machines à voter ; s'il en était ainsi, pourquoi ne pas leur couper immédiatement la langue et leur défendre de penser ? Il faut donc leur supposer de l'intelligence, de la probité, de la bonne volonté, et s'ils ne répondent pas à notre attente, ne plus les réélire à l'avenir ; ce sera là leur punition.

Chaque *commune* nomme son conseil municipal, son maire, ses adjoints, ses gardes champêtres ; choisit ses maîtres d'école. Le canton, assisté de toutes les communes, choisit son *juge de paix* ;

Les conseils généraux, les sociétés de secours mutuels et autres, nomment leurs présidents ;

La *bibliothéque* de chaque commune renfermera des livres d'agriculture, de jardinages, de métiers, de science pratique, de morale, d'instruction, d'éducation, et enfin les auteurs les plus célèbres, les plus méritants, les plus capables d'éclairer les hommes et de les former.

Des *conférences* auront lieu dans une salle de la mairie. Il y sera traité du travail, de la culture, des métiers, des constructions rurales, des découvertes, des progrès réalisés et à réaliser, de tout ce qui peut servir les intérêts de la population.

La *musique*, les chants, les groupes orphéoniques ne resteront pas sans encouragements.

Le *maçon* devra savoir dresser le plan, la distribution d'une maison, évaluer quelle quantité de matériaux est nécessaire à son commencement, à son achèvement, et s'il l'ignore, le premier venu le lui apprendra, ce qui ne lui fera pas honneur.

Dans la *salle* des conférences, on recevra, on exposera les plans, les cartes géographiques, les modèles en petit, les chefs-d'œuvre en bois, en plâtre, en pierre, en fer, de toutes sortes, de tous états, même les fleurs, même les fruits, même les produits agricoles, qui honorent les travailleurs, sont une joie pour tout le monde, un encouragement pour les jeunes générations. Ce seront là de petits *musées* locaux extrêmement utiles.

Nous pousserons à la création des *sociétés* de secours mutuels.

Nous demandons que les *écoles de dessin*, de modelage, de théorie pratique, d'éducation professionnelle, entretenues par les compagnons chez leurs *mères*, et autres professeurs, ne soient pas sans encouragement.

L'*armée permanente* est supprimée. On aura des gardes mobiles, des gardes nationaux. Le service actif ne sera que de quelques mois; et l'agriculture, l'industrie, le commerce, le travail productif feront notre bonheur.

Le *budget des cultes* est supprimé. Dans chaque localité, le serviteur de Dieu sera à la charge de ceux auxquels il enseigne la morale et le dévouement; et ceux-ci seront bien aise de lui donner tous les soins qu'il aura mérités.

Liberté de *conscience*, liberté des cultes, une large fraternité entre tous les hommes.

L'*impôt* est proportionnel, cependant un impôt extraordinaire et progressif pourra être frappé dans les moments terribles sur l'ensemble de chaque fortune. Avant tous les intérêts, plaçons le salut de la patrie.

Sur quoi pésera l'impôt? Sur le capital? Sur le revenu? Sera-t-il direct? Sera-t-il indirect? Faudra-il supprimer l'octroi? Faudra-t-il, etc., etc.? Peu m'importe! Il faudra le rendre d'un prélèvement facile; il faudra qu'il ne demande pas trop d'employés et qu'on puisse le faire entrer dans les coffres de l'État sans en gaspiller une trop grande partie. Le point très-important pour moi, c'est d'avoir un gonvernement honnête, bien réglé, à bon marché, qui ménage l'argent du peuple, qui ne le dépense pas mal à propos, qui lui en demande peu, et du moment qu'il en sera ainsi, qu'on le puise où l'on voudra, je n'ai rien à dire, pourvu toutefois que chacun n'en verse que sa quote-part.

Les hauts *traitements* seront abaissés, les emplois inutiles supprimés, les administrations réformées et épurées; tout employé qui oubliera ses devoirs envers le public sera réprimandé, et cassé si le cas l'exige.

Signaler un fripon, mettre en garde contre lui, révéler un fait criminel, authentique, ce n'est pas être un calomniateur, mais un ami de la justice et de la vérité. L'immorale, l'absurde loi Gnilloutet doit être foulée sous les pieds; cependant salir méchamment l'honnête homme, ce serait grave.

Les pensions mal acquises tomberont.

L'*instruction* sera gratuite, obligatoire, étendue, pratique. D'un enfant, nous ferons un homme. Il y aura du pain pour ceux qui en manquent et nos élèves seront fraternels les uns pour les autres.

A côté des *écoles* de l'État, il y aura les écoles libres, indépendantes, et cependant sous nos yeux, qui, de leur côté, formeront des citoyens.

Tout fils de *Français* né à l'étranger est Français;

Tout fils d'*étranger* né en France est Français, à moins qu'il ne soit fait une déclaration expresse, authentique, pour qu'il en soit autrement;

Tout homme pour qui on a renoncé à sa qualité de Français, qui y a renoncé ensuite lui-même tacitement en ne réclamant pas, ne peut s'attendre, si le malheur le frappe un jour, à être secouru en aucun cas par nos administrations de bienfaisance. Il a voulu s'isoler, vivre seul. C'est son affaire.

Tout étranger qui vient habiter la France et s'y comporte honorablement, sera traité avec amitié, avec sympathie.

Tout élève, tout apprenti d'un état quelconque, nourri dans les lycées, les colléges, les séminaires, n'importe quelles écoles, se doit à la patrie ; il en est de même des hommes mûrs. Le *prêtre* seul, ou le *pasteur*, ou le *rabbin*, reçu, officiant, enseignant la morale, la vertu, la fraternité, les sentiments les plus doux, sera dispensé, dans les temps les plus tristes, de verser le sang, il aidera dans les ambulances, dans les hôpitaux.

Nous voulons de bons *traités de commerce*, de bonnes relations avec tous les peuples, les rendant nos amis, nos alliés, nos frères.

Tous les moyens de *transport* par mer, rivières, fleuves, canaux et routes seront facilités pour le bien de notre commerce et de nos relations lointaines.

Toute bonne *découverte*, toute invention salutaire recevra sa récompense.

L'*esclavage* devra disparaître de la terre.

Un titre de *noblesse*, d'où vient-il ? A quoi sert-il ? Rien de beau comme la simplicité et les principes d'égalité.

Que les *cumulards* d'emplois, et surtout de traitements, soient en horreur aux hommes.

Que la *peine de mort* disparaisse de la terre.

L'homme juste ne doit pas tuer, même le méchant, il doit s'en préserver, l'empêcher de nuire, le faire travailler. Voilà tout. C'est par l'éducation, par le travail mis à la portée de tous, par des exemples de grandeur, de justice, de générosité partis de haut, que nous agirons sur les âmes et sur les cœurs, que nous vaincrons les vices et les vicieux, l'ignorance et les ignorants, les méchants et la méchanceté.

Celui qui ne travaille presque pas, qui se fait une habitude, un plaisir, de boire, de manger à crédit, de ne point payer, de tromper le traiteur, le boulanger, le cordonnier, le chapelier, le tailleur; qui s'en vante dans les ateliers, qui raille la probité, qui excite les jeunes ouvriers, tous ceux qui peuvent l'entendre, à ne pas payer, à l'imiter; qui prêche l'immoralité, l'improbité, sème la corruption par ses exemples et ses tristes discours, celui-là sera traité comme *escroc* et puni comme tel.

En temps de crise terrible, en l'absence de tout commerce, de tout mouvement industriel, c'est à l'État d'occuper nos bras à des travaux quelconques, aux routes, aux canaux, à ce qu'il voudra d'honnête et d'utile; les forces des masses sociales ne doivent jamais être gaspillées ou anéanties dans une funeste oisiveté.

Des *fêtes nationales*, nobles, grandes, exaltant le sentiment patriotique, l'amour de la liberté, de l'égalité, de la fraternité, seront instituées et célébrées sur toute l'étendue de notre territoire.

Chaque *peuple* prend le gouvernement qui lui convient, s'agite ou ne s'agite pas, garde ses rois ou les chasse; c'est son affaire; nous devons rester neutres. Si nous intervenions en faveur de la République, d'autres interviendraient en faveur de la monarchie et ce serait la guerre.

Nous comprimerons nos inclinations, d'autres comprimeront les leurs. Ce sera la non-intervention vraie, qu'on exigera de nous, que nous exigeons des autres, et la liberté pour tous les peuples de régler eux-mêmes leurs propres destinées.

Une nation peut combattre pour une idée, en faveur d'un principe moral, pour défendre un peuple qu'on martyrise, et alors je l'assimile à l'homme de cœur qui maintient sa dignité et qui protége, si le cas l'exige, le faible individu écrasé par un vigoureux brutal; mais toute *guerre de conquête*, je la maudis. Il est défendu au particulier, à l'homme de voler, de tuer, à plus forte raison doit-il l'être aux puissantes nations de dévaster un peuple, de l'assassiner et de se mettre, en un tel cas, au niveau de Cartouche et de Mandrin. Les alliances commerciales, fraternelles, sont bonnes. On peut permettre une annexion libre, sans pression, complètement volontaire, sans danger pour aucun peuple; oui, voilà la conquête que je comprends ; les autres sont des crimes épouvantables, qui présagent un terrible avenir, indignes des nations chrétiennes et civilisées, et que je flétris dans toutes les profondeurs de mon âme.

Avec le *Suffrage universel* on ne peut posséder qu'une république démocratique ; il y a des gens qui sont d'un avis contraire et qui veulent voir là quand même une république aristocratique. Qu'y faire ! Et que dire ? C'est croire le peuple peu instruit, peu moral, peu juste, peu capable, même indigne de vivre en république.

Attendons mieux de lui et faisons tout ce qui dépendra de nous pour l'éclairer, le moraliser, le fortifier, et lui donner un esprit et un cœur vraiment républicains.

VIII.

Désastres épouvantables ! situation sinistre qui nous enlève les trois quarts et plus de notre liberté !... Qu'allons-nous faire ?

C'est dans une sorte de prison, respirant à peine, liés aux mains, liés aux pieds, accablés par un horrible cauchemar, irrités, blessés, souffrants, qu'il nous faut traiter de la paix et de la guerre, constituer la République, accomplir un acte de souveraineté nationale.

Je ne fais pas de plaintes, de récriminations, je me contiens.

Cette situation monstrueuse, ne ressemblant à rien de ce que nous avons vu dans le passé, va t-elle nous abattre ou bien nous faire descendre dans le fond de notre conscience, élargir notre esprit, nous élever l'âme et le cœur, étendre notre horizon et faire de nous de dévoués, de braves citoyens, dignes du commencement d'une grande époque, qui, probablement, va luire sur l'humanité ? Espérons-le.

Défions-nous des intrigues, des cabales, des petits moyens, des basses et lâches ambitions... Donnant dans les travers, nous serions perdus.

Nous avons vu comment trois royautés, comment deux empires ont croulé, roulant les uns sur les autres, et leurs débris emportés au loin, dispersés sur la terre étrangère!

Nous avons la République, c'est la troisième depuis quatre-vingts ans.

Elle a relevé le drapeau de la France, vaillamment lutté pour chasser l'étranger... Mais que nous avons souffert! que nous souffrons! Notre peine est extrême. Il nous faut maintenant constituer un gouvernement définitif.

Et voilà que déjà les débris des trois dynasties accourent, se mettant sur les rangs, et chacune d'elles se vantant d'être la meilleure, d'être la seule capable de guérir nos plaies, de relever, de sauver la France.

Lequel, parmi tant de concurrents, pourrait opérer cette merveille? Est-ce Henri V, avec les nobles, les prêtres, les vieilles traditions, les vieilles idées, les vieux préjugés? Non. Est-ce le comte de Paris, avec la bourgeoisie, relevant le cens électoral, flattant la richesse, les écus, l'égoïsme par conséquent? Non, non. Est-ce le prince impérial, ramenant toutes les corruptions, toutes les pourritures de vingt ans d'un mauvais règne, s'appuyant sur son papa, sur sa maman, suivi d'une foule de généraux, de chambellans, d'intendants, d'officiers d'état-major, de laquais, de valets? Non, non, non, il n'en faut pas

Voit-on parmi ces trois rejetons des trois dernières dynasties, et parmi les hommes qui les suivraient, des colosses de génie, de science, de bonne volonté? Quelles réformes, quelles transformations, quelles économies seraient-ils capables de nous apporter? D'où tirerions-nous notre force, notre énergie, notre jeunesse, notre résurrection? Les trois partis pourraient-ils se fondre en un seul, ne formant qu'une seule famille? — Non. — Les républicains, les plus nombreux actuellement, les plus vigoureux toujours, iraient-ils leur donner la main? — Jamais. — Donc, il y aurait division; donc, il y aurait faiblesse; donc notre avenir serait bien triste, bien menaçant, et, avant peu, l'on verrait de nouveaux déchirements, de nouvelles révolutions.

Princes, si vous aimez la France, si vous voulez nous prouver votre sympathie, restez où vous êtes, ne venez pas nous troubler, c'est le plus grand service que vous puissiez nous rendre.

Mais, me dira-t-on, est-ce que les princes ne sont pas des Français? Pourquoi les priver du bonheur d'habiter leur patrie? Ne sont-ils pas les égaux des autres citoyens?

Nullement! Ils ne l'entendent pas ainsi eux-mêmes : ils se croient nés pour commander, pour gouverner, et pour arriver à leurs fins, tous les moyens leur semblent bons. Ils intriguent, ils corrompent, ils agitent, ils en viennent parfois à verser le sang ; et, comme ils ne nous reconnaissent pas pour leurs égaux, comme ils ne nous traitent pas de concitoyens, mais de sujets, comme ils se mettent au-dessus de la loi, moi je les mets au-dessous et en dehors.

Si cependant, plus tard, la République étant enracinée dans le sol du pays, les prétendants, devenus sages, avaient renoncé, mais pour tout de bon, à leurs prétentions, à leur vanité, à leur gloriole, nous les laisserions très-bien venir prendre gîte chez nous. Ils pourraient devenir maires, adjoints, préfets, représentants du peuple, ministres, caporaux, sergents, capitaines, et nous leur serrerions la main comme à de bons camarades. Mais nous n'en sommes pas encore là. Attendons qu'ils nous aient prouvé qu'ils sont vraiment dignes d'être nos égaux et nos concitoyens.

Chose singulière ! dès qu'un homme a mis les pieds sur le trône, même par violence, par usurpation, il s'imagine que nous lui appartenons, que notre pays lui appartient. Nous le renvoyons pour lui prouver le contraire, pour lui faire toucher du doigt son erreur; rien ne l'éclaire, il veut quand même que nous soyons sa propriété, et les fils, héritant des mêmes illusions, des mêmes prétentions, persistent dans la même théorie, dans le même entêtement. Nous sommes à eux, disent-ils, nous et nos enfants jusqu'à la fin des siècles, et ils nous mettraient volontiers tous à mort pour nous le prouver.

Ils veulent, à toute force, que nous ayons des rois, des empereurs, affirmant que c'est pour notre bien. Mais ils ne manquent pas, eux et leurs courtisans, dès qu'ils sont à notre tête, de s'attribuer bien vite une grosse liste civile, de gros traitements, de se mettre en possession des châteaux, des forêts, des jardins, des biens de l'État, et cela par pur dévouement !

Eh bien, non ! les choses ne peuvent plus aller ainsi : toutes leurs cajoleries n'y feront rien ; c'est nous qui sommes les maîtres, et nous tiendrons bon.

Les Athéniens, les Romains, les Carthaginois vivaient en république et savaient se gouverner. Et voilà de cela plus de deux mille ans ! C'étaient pourtant des payens, des maudits de Dieu, d'après les fanatiques. Est-ce que les chrétiens auraient moins de vertu, de capacité, de bonne volonté et de générosité que ces vieux réprouvés ? Mais alors, où sont nos progrès ? où sont les hautes et saintes vertus de notre religion ? Je les cherche, et ne les trouve pas.

Il est vrai que les Suisses, que les États-Unis d'Amérique sont en république et savent se gouverner, bien que chrétiens et protestants.

Et nous n'en saurions faire autant ! Nous serions incapables de nous gouverner de la même façon, en hommes, en citoyens, à peu de frais, et nous aurions la bassesse de l'avouer ! Quelle honte pour la France ! Quelle honte pour le catholicisme, qui, tout le premier, aurait proclamé notre incapacité et notre déchéance !

Mais espérons que nous valons mieux que la réputation que l'on a voulu nous faire.

Avec un roi, des princes, des princesses, une nombreuse parenté, des grands, des courtisans, des agents, des soldats par centaines de mille, les mêmes administrateurs, la même nuée d'employés, de fonctionnaires, les mêmes routines, les mêmes mœurs, les mêmes vices, les mêmes folles dépenses, comment faire des économies ? Comment nous purifier ? Comment nous relever ?

Nous avons la République, aimons-la et gardons-la.

La République, je l'ai déjà dit, c'est le gouvernement qui nous divise le moins, qui nous rapproche le plus, qui ouvre ses bras à toutes les fortunes, à toutes les misères, à toutes les conditions, à tous les partis, à tous les citoyens, qui les fait tous égaux, qui ne s'attache qu'au mérite, qu'aux belles et bonnes qualités, qui nous élève le plus, qui nous fortifie le plus, qui fait naître les plus mâles, les plus solides vertus. Oui , les hommes les plus considérables, les plus grands, les plus sublimes dans l'humanité se forment à l'abri, sous l'impulsion de ce gouvernement, le plus simple, le plus naturel, le moins coûteux.

Avec la République, plus d'armées permanentes, plus de privilégiés, plus de courtisans, plus de prêtres trop séparés de leurs troupeaux, plus de traitements scandaleux, plus de parasites dans les emplois ; mais de bonnes administrations, une bonne instruction, une éducation sévère, formant des citoyens, des employés actifs, laborieux, des magistrats, des juges graves, ne laissant jamais échapper de leurs mains les balances de la justice ; des préfets suivant de l'œil les mouvements de la France, administrant, poussant au bien; des maires, des adjoints, des conseillers municipaux sachant diriger leur commune, former l'enfance, grandir les hommes ; nos relations extérieures entretenues, améliorées par notre franchise, notre loyauté; de l'ordre, de l'économie dans nos finances, et la France se relèvera et marchera encore à la tête des nations.

La République est notre ancre de salut.

Que faut-il donc pour être bon républicain ? Être honnête homme, aimer le bien, haïr et repousser le mal. Ajoutons qu'il faut se tenir au courant des affaires du pays, du monde entier, et en toute occasion exercer nos droits, ce qui est commandé par le devoir.

IX.

Lorsque, à la suite de nos défaites successives, l'inquiétude pénétra dans la nation, je disais à tous les jeunes hommes au milieu desquels je me trouvais souvent : Allez ! armez-vous, marchez et combattez. Plusieurs d'entre eux répondaient qu'ils ne voulaient pas défendre l'empire. Je répliquais : Ce n'est pas l'empire que vous défendrez, c'est la patrie, c'est notre indépendance, ce sont nos foyers, nos villes, nos champs, nos femmes, nos enfants, nos vieillards. Restez armés après la victoire, l'*autre*, après tant de ruines, ne reviendra plus ; l'empire est mort.

Lorsque la République étant proclamée, on fit appel aux volontaires, peu se présentèrent, et beaucoup crièrent : La levée en masse ! la levée en masse ! et restèrent chez eux... Je les grondais vertement et puis je leur rappelais une grande époque.

Oui, je leur disais, en 1792, quand ce cri d'alarme : la patrie est en danger ! eut retenti sur toute l'étendue de notre territoire, chaque localité en fut émue, une extrême agitation se produisit partout.

En ce temps-là ma mère avait seize ans, mon père vingt-deux ; ils avaient un enfant de trois mois. Eh bien ! le menuisier Pierre Perdiguier s'offrit des premiers comme volontaire, cent autres du village de Morières le suivirent. Mon père fut élu capitaine, mon oncle Turin le charron lui fut donné comme lieutenant, et l'avocat Vitalis, d'Avignon, fut son sergent-major. La petite localité souscrivit pour habiller, armer, équiper cette brave jeunesse ; tous les hameaux, tous les villages, tous les bourgs, toutes les villes firent de même, et des multitudes de compagnies, de bataillons, de régiments, arrivèrent tout-à-coup dans les chefs-lieux, furent dirigés sur les camps d'instruction, sur les frontières, et en rien de temps quatorze armées se trouvèrent debout, ayant le feu sacré dans la tête, dans la poitrine ; ils combattirent vaillamment, le succès ne leur fit pas défaut, et la patrie fut sauvée et glorifiée.

Faites de même maintenant ; moins de critiques, de satires, mais plus d'ardeur, plus d'activité, plus d'action réelle ; ne perdez pas un moment ! que chacun fasse son devoir sans s'occuper d'autrui au-delà d'une juste mesure, et alors toute la France sera debout, et alors aussi, pour la seconde fois, nous vaincrons tous nos ennemis.

Lorsqu'il fut question de former les compagnies de marche, de tel âge à tel âge, il y eut encore des réclamations, et de nouveau se fit entendre ce cri : La levée en masse ! la levée en masse ! Je disais : La levée en masse ! mais la voilà bien. Vous, les plus jeunes, les plus vigoureux, marchez d'abord. — Oui, mais tous ! tous ! — Comment ! vous ne marcherez pas si votre père, vos oncles, vos grands-pères, vos aïeux ne marchent pas en même temps que vous? Mais vos prédécesseurs, les anciens, les vieillards vous ont nourris, vous ont protégés, défendus lorsque vous étiez tout petits; à vous de les protéger, de les défendre maintenant, et cependant, s'il le faut, ils viendront vous appuyer, combattre avec vous, vous soutenir, et ils ne manqueront pas d'énergie, j'ose vous l'affirmer.

Lorsqu'il fut question de placer la garde nationale sous la loi militaire, il y eut encore des protestations. Il y a des hommes qui sapent tout, qui contre-carrent tout, et dans les moments terribles, il y a là un très-grave danger. Eh! mes amis, si vous voulez vaincre, laissez monter l'enthousiasme, ne l'entravez pas, et rappelez-vous que sans discipline il n'y a point d'armée, il n'y a point de salut.

Lorsqu'on voulut brouiller dans les partis, aborder les questions religieuses et faire de la rigueur, de la violence, je dis bien haut: Laissez dormir de certaines questions, ne touchez à rien de ce qui peut vous diviser. Aujourd'hui c'est le jour du combat, coûte que coûte, il faut vaincre. Appelons à notre aide tous les Français, nous ne sommes pas de trop pour sauver la France.

Si Charette, si Cathelineau, si un La Rochefoucault, si des ducs, des comtes, des barons, des marquis marchent avec courage, combattent en héros, applaudissons et reconnaissons-les pour des amis, pour de vrais patriotes. A nous de montrer une égale ardeur, de les dépasser s'il est possible, à faire admirer la valeur, l'intrépidité, les vertus républicaines! à nous de nous attirer les sympathies de la France et du monde entier, et alors la République aura poussé des racines profondes dans notre sol et ne tombera plus.

Lorsqu'on se plaignait qu'on parlait trop des riches, des nobles, de ceux portant des titres qui s'étaient signalés dans les combats; ajoutant qu'au reste ils avaient des biens à défendre, qu'ils ne se battaient que par intérêt, et que les journaux leur faisaient la part beaucoup trop belle, je répondais: Rayez de vos cœurs de tels sentiments; ce n'est pas la richesse qui donne la bravoure. Mais celui qui possède la fortune, auquel toutes

les jouissances, toutes les aises de la vie sourient avec
grâce, s'il quitte tout cela, s'il va, tout jeune encore, sans
balancer, combattre l'ennemi et offrir sa vie à la patrie,
rendez-lui hommage et trêve aux critiques malsaines.

D'autres ont osé prétendre que le pauvre ne doit pas
tenir à la vie, qu'il souffre trop pour l'aimer et qu'alors
son héroïsme est presque sans valeur. Repoussons loin
de nous de tels raisonnements. Quand celui qui ne possède pas un pouce de terre va combattre en héros pour
la patrie, rendons-lui hommage, c'est un noble citoyen.

Entre toutes les classes, toutes les conditions, rendons-
nous une mutuelle justice, c'est notre devoir à tous.

Quant à ceux qui voulaient défendre la République
envers et contre tous lorsqu'elle n'aurait plus besoin
d'eux, après l'expulsion des Prussiens, la guerre étant
terminée, la paix signée, je les raillais quelque peu, et ils
le méritaient vraiment.

Et cependant, à côté d'un peu de mauvais, que de bon!
Que Paris était beau! qu'il était magnifique sous les
armes!

Mais, me dira-t-on, vous êtes donc sans haine, sans
fiel? Vous ne détestez pas les royalistes? — Nullement;
je voudrais les convertir, comme j'ai converti les compagnons.

— C'est que vous n'avez pas souffert. — Plus que
vous. — Prouvez! — Je le veux bien :

En 1815, on me fit un crime d'être le fils d'un républicain, d'un capitaine de volontaires, qui n'avait pas
répudié les principes de sa jeunesse. J'avais neuf ans, et
comme mon père, je dus supporter ma part d'injures et
de persécutions. On me traitait de républicain, de fédéré,
de brigand; on me donnait des calottes, des coups de
pied, on me roulait, on me traînait sur les pavés, dans
les ruisseaux des rues, me mettant dans le plus triste
état. Je me défendais cependant, mais j'étais si petit! —
Et vous ne maudissez pas ces gens-là? — Non, je pense
qu'ils étaient fous.

Ayant vu si jeune de telles monstruosités, je pensai
de bonne heure, et lorsque, à dix-huit ans, étant sur le
tour de France, je vis les compagnons, les ouvriers, mes
frères, mes camarades de route, de travail, se faire la

guerre, se tuer les uns les autres, parce qu'ils n'étaient pas du même métier, du même groupe, du même devoir, je me demandai pourquoi cela, et je me mis en tête d'opérer une grande réforme, de les réconcilier, de les mettre en paix ; j'ai donné quarante ans de ma vie à cette tâche ingrate et urgente cependant. J'ai fini par rapprocher, par unir des hommes, j'ai empêché le sang de couler, j'ai fait quelque bien. Mais pour prix de tant d'efforts, combien de calomnies sont tombées sur ma tête !

Ah ! quel terrible travail que de vouloir servir les hommes, détruire des erreurs, semer des vérités ! La foule serait juste et bonne si elle savait ; mais il y a partout quelques jaloux, quelques envieux, quelques méchants, en bas comme en haut, qui la trompent, qui l'égarent, qui lui soufflent la haine dans le cœur, et il arrive que l'ami du bien est la dupe et la victime de sa bonne volonté. Mais, bah ! qu'importe ! allons toujours en avant...

Pourtant, disons-le, proclamons-le bien haut, les compagnons du tour de France, dont j'avais complètement bouleversé tout l'ancien système, m'ont rendu justice à la fin et sont devenus mes meilleurs amis. Quels accueils ils m'ont faits dans mes voyages plus tard ! Ici je dois les remercier du plus profond de mon cœur.

Je dois encore avouer ceci : En intervenant au milieu d'eux, en détruisant leur fanatisme, je ne voulais pas seulement les unir comme compagnons, mais encore comme citoyens. Je sentais bien que les monarchies crouleraient, qu'un gouvernement d'une autre forme viendrait. Je voulais les rendre intelligents, honnêtes, vertueux, capables de vivre dans le gouvernement de tous et par tous. La République est venue, elle n'est pas restée ; nous n'étions pas encore assez éclairés, assez purs, assez dignes d'elle. Elle est revenue, et moi, toujours dans les idées de ma jeunesse, je ne cesse, je ne cesserai de crier : Soyons tolérants, soyons apôtres, convertissons, ne demandons que des choses justes, pratiques, elle ne nous quittera plus.

—Oui, toujours le même ! pas de fiel, pas de vengeance! Mais l'homme de Sedan ne vous a jamais fait souffrir.

— Écoutez : en 1848, le compagnon réformateur était devenu représentant du peuple. Il tomba avec l'Assemblée nationale.

A partir du 2 décembre, je fus plusieurs jours sans rentrer chez moi, suivant les événements.

Le 6 au soir, nous étions vaincus ; la République était par terre, la résistance n'avait plus d'objet ; le crime était triomphant. Que pouvait-il demander de plus ? J'entrai à mon gîte et j'y couchai.

Le matin du 7, dès la naissance du jour, j'entendis un bruit d'armes, nos portes furent heurtées violemment ; ma femme, mes enfants, tout petits encore ; mon beau-père et ma belle-mère, deux vieillards, se levèrent avec effroi. Un commissaire de police, deux agents, vingt soldats entrèrent dans mon intérieur, menaçant quiconque voulait approcher. Il fallut les suivre. Ils me mirent au milieu d'eux, le commissaire me tenant sous le bras, les soldats, bayonnettes au bout de leurs fusils, m'entourant et ne me perdant pas de vue. Je fus ainsi conduit, au milieu des foules, de la rue Traversière, n° 38, à la préfecture de police, où je fus jeté dans le grand dépôt.

Le lendemain au soir je fus conduit à Mazas en voiture cellulaire, et, au bout de dix jours, de Mazas à Sainte-Pélagie dans une voiture de même forme. Je lus dans un numéro du *Moniteur Universel*, sur une liste de proscrits, mes nom et prénom, j'étais du nombre ! et voilà comment on rendait les jugements !

Après cinq ou six semaines de détention, le directeur de la prison me dit que j'étais libre, mais peu de jours auparavant j'avais reçu une lettre du préfet de police, me disant d'aller prendre mon passeport pour me rendre sur la terre d'exil. J'avais quarante-huit heures à rester dans Paris, au-delà de ce temps, c'était la transportation au-delà des mers.

Je partis pour la Belgique, puis je me rendis en Suisse en traversant l'Allemagne et en cachant mon nom. Au bout de quatre ans passés loin de ma famille, dont il fallait cependant sans cesse se préoccuper, j'ai pu revenir en France.

J'ai donc souffert ma part de misères.

—Et vous ne maudissez pas l'homme qui vous a traité ainsi?

— Je le maudis surtout pour le mal qu'il a fait à ma patrie.

X.

Sur les quarante-huit commissaires de police de Paris, pas un ne refusa son concours à la conspiration bonapartiste, tous se rendirent avec célérité chez les représentants du peuple, les élus de la nation, que la Constitution déclarait inviolables, pour les saisir et les emprisonner. La loi fut foulée aux pieds sans scrupule et sans pudeur.

Les magistrats, les juges laissèrent faire, ne protestèrent pas et tout aussitôt se mirent au service de l'usurpateur, cherchant à lui complaire, à obtenir ses bonnes grâces et ses faveurs.

Pas un général, pas un colonel, pas un officier supérieur ne se présenta pour défendre la loi, les droits du peuple, la liberté. Les soldats, conduits par leurs chefs, arrêtaient, emprisonnaient, fusillaient dans les rues les défenseurs de la Constitution, des lois, que la France s'était donnés.

Quoi! police, magistrature, armée, tout donne la main pour enchaîner nos libertés! pour aider à l'usurpation et nous mettre aux pieds d'un seul homme! Est-ce en Angleterre? Est-ce en Suisse? est-ce aux États-Unis qu'un fait semblable pourrait se produire? Trouverait-on des hommes assez peu doués de vertus civiques pour abaisser ainsi leur patrie? Jamais!

Que veut-on que pensent les étrangers de nos hommes d'État, de nos guerriers, de nos fonctionnaires à tous les degrés? Ne doivent-ils pas hausser les épaules et sourire de pitié?

La France est tombée, à qui la faute?

— Eh! pardonnez-vous aux magistrats, aux juges, qui n'ont pas protesté contre le renversement des lois, ont souri au crime triomphant, accepté d'entrer dans les commissions mixtes, rendu des arrêts de proscription, et frappé, ruiné, tué l'innocent?

— Malheur au juge qui viole et déshonore la justice ! il ne doit plus rester sur le siége qu'il a souillé.

— Et le général, et l'officier qui donnent la main au bandit pour asservir un peuple, pour lui ravir ses droits, ses libertés, doivent-ils se montrer encore à la tête de nos armées ? — Dieu nous en garde ! Ce serait fatal. Nous payons les services rendus et non les actes d'iniquité, et non les trahisons. Il n'y a pas de droits acquis, de positions irrévocables pour quiconque manque au devoir et asservit sa patrie.

— Et tous ceux qui ont voté *oui* pour rendre un homme tout-puissant, pour nous lier les mains, et ont ainsi causé tous nos malheurs, ne doivent-ils pas être flétris?

— Halte-là, n'allons pas si loin. Ils ont voté, usé d'un droit qu'ils tenaient de la constitution alors établie. Sans doute ils ont mal discerné, ils se sont trompés, et ils souffrent, et nous souffrons tous à cause de ces graves erreurs ; mais du moment qu'ils ouvrent les yeux, qu'ils se repentent d'avoir appuyé ce qu'il eût fallu repousser, qu'ils viennent à nous, qu'ils veulent concourir au rétablissement de nos libertés, au salut de la France, donnons-leur la main et soyons frères.

— Que dites-vous de Gambetta? — Sublime! — Mais il a pourtant, dit-on, commis des fautes, des erreurs. — Soit! Mais quel zèle, quel entrain! quelle activité! Comme il se répandit dans les villes, dans les campagnes, au milieu des armées, enflammant les esprits, réchauffant les cœurs, soufflant partout un saint enthousiasme, l'amour sacré de la patrie! Comme il fit sortir du sol des hommes en armes, qu'il poussait au combat, à la bataille, et voulant, coûte que coûte, la délivrance, le salut de la France... Quelle belle page dans l'histoire ! je le répète : sublime !

— Mais on prétend qu'il est la cause des pertes, des défaites de nos jeunes armées. — Accusation facile ! Mais ne sait-on pas que le jeu des batailles est souvent un jeu de hasard? Que la victoire ou la défaite tiennent parfois à très peu de chose ? Qui pouvait prévoir que Chanzy serait défait? que Bourbaki subirait un désastre ? Et, en eût-il été ainsi, si l'armée de Paris, quatre cent mille hommes !

eût toujours tenu en échec les Prussiens, les empêchant
de s'éloigner, d'aller écraser nos provinces ? Je répète
encore, à propos de Gambetta : sublime !

— Et le général Trochu? — J'ai d'abord cru en lui, je
l'ai défendu avec chaleur, car on l'a attaqué trop tôt et
sans raison, et je conclus à ceci : Point d'élan, d'activité,
de ténacité, d'initiative, de chaleur dans l'âme, de foi
dans notre salut. Il avait quatre cent mille hommes et
plus, armés, équipés, prêts à combattre ; un magnifique
armement, des canons, des mitrailleuses que nous lui
avions données ; la science, l'industrie étaient à ses ordres,
lui offrant tous leurs secrets, toutes leurs merveilles pour
notre délivrance : il est resté froid, il n'a su tirer parti
de rien ; notre ardeur a été amortie autant que possible ;
on nous laissait dans l'inaction ; plus de trois cent mille
soldats n'ont pas vu un seul Prussien, n'ont jamais tiré
un coup de fusil, et notre capitulation a été une surprise
extrême, une rage sans égale dans tout Paris. Quoi!
tomber ainsi quand tout était prêt pour le grand combat?
Faible, très-faible, le général !

Une remarque : Trochu avait parlé contre la distribution des croix d'honneur, ensuite il les a prodiguées. Il
avait dit : Le gouverneur de Paris ne capitulera pas, et
peu de jours après il a capitulé. Il a crié : Vive la République au bas de ses proclamations, nous verrons ce qu'il
criera ou défendra dans l'Assemblée nationale de Bordeaux, et là sera pour nous la dernière opération de notre
pierre de touche.

— Que dire de Jules Favre? — J'approuve sa démarche à
Ferrières ; il était bon de nous séparer de la politique de
l'empire et de proposer la paix où il avait mis la guerre ;
ensuite il m'a paru trop disposé aux négociations. Mais
je repousse les attaques haineuses dirigées contre sa personne... Quoi! salir des hommes sans nécessité ! En
quoi cela peut-il servir à la démocratie ?

— Que penser du gouvernement de la défense nationale? — Il a été trop confiant dans les chefs militaires
qui, manquant d'élan, d'audace, de foi dans le salut définitif, ont ravi la foi, l'espérance d'autrui. On a cru qu'on
ne pouvait pas se passer d'eux, qu'on ne pouvait rien
sans eux; on a subi leur influence et leurs exigences, ce

l'on est arrivé ainsi à une triste capitulation. Je crois au trop de confiance, je le répète, je crois à la faiblesse des membres du gouvernement en une si terrible situation; je n'accepte pas les autres accusations qu'on leur prodigue avec colère; nous devons attendre les explications qui nous sont promises et ne pas juger sans avoir tout entendu.

Ah ! si Garibaldi, ce grand cœur, cette belle âme, sans ambition, la simplicité même, qui dépose l'épée et prend la charrue dès que la guerre est finie, eût été là, lui si plein d'ardeur, d'activité, de foi, si riche en ressources, il nous eût parlé, nous eût dirigés ; nous eussions sous son commandement, sous son inspiration, qui relève, qui grandit l'homme, percé les lignes prussiennes, nous les eussions écrasées, nous les eussions vaincues, et la France glorieuse serait maintenant dans toute l'expansion de sa joie et de son bonheur. Ah ! qu'un grand homme est une chose précieuse dans les terribles calamités... Il nous a manqué.

Brave Garibaldi ! Voyez ce qu'il a fait avec 30,000 hommes ! et des masses ennemies lui étaient opposées ! Il n'a jamais été surpris, jamais cerné, il a fait subir aux Allemands des pertes énormes. Qui eût pu le remplacer ? lutter ainsi pendant plusieurs mois? Il a fait des merveilles ! Que les grands le dédaignent, le peuple l'aime, lui marque sa reconnaissance, et c'est assez pour ce brave.

— Mais nous, Paris, capituler ainsi au milieu de notre force, de nos résolutions guerrières! Quatre cent mille combattants ne demandant que la lutte, que le combat à outrance! Une population magnifique, supportant toutes les privations, toutes les misères, les effets d'un criminel bombardement, sans s'effrayer, sans s'émouvoir! les femmes. les enfants, aussi braves que les hommes, car tous voulaient combattre, tous voulaient de l'action, personne ne voulait reculer, personne ne voulait se rendre, tout le monde voulait vaincre ou mourir! Et nous laisser attendre la fin de nos vivres dans l'inaction, dans notre irritation de cette immobilité funeste!.. et puis nous dire tout-à-coup :

rendez vos armes, c'est fini. J'en suis exaspéré, tout mon corps frissonne, et mon cœur pleure de rage.

— Oui, c'est atroce, et mon cœur s'irrite et frémit au même degré.

— Trahison ! trahison !

— Ah ! calmons-nous, calmons-nous ! et examinons. Vingt ans d'un règne de faveur, de corruption, que la multitude aveugle avait voulu, avait supporté, car il dépendait d'elle de le renverser par un vote, avait désorganisé, abaissé notre chère France.

Les plus hauts emplois étaient les plus mal tenus, tout ce qui approchait de la cour était le plus atteint, le plus malade ; les généraux n'étaient plus les généraux de la patrie, mais ceux d'une dynastie, d'un homme sans valeur dont ils s'étaient faits les esclaves, les lâches et brutaux instruments. Donc, ces officiers supérieurs ne pouvaient trahir l'empire, qui faisait leur situation, leur pays de cocagne ; et cependant, suivez-les dans la guerre, ils n'ont rien su prévoir, ils ne savent rien de leur métier.

En campagne, dans notre pays même, ils manquent d'objets d'équipement, de munitions, de vivres, de plans, de cartes géographiques ; ils ne savent pas se masser, se donner la main les uns aux autres ; ils se laissent partout surprendre, partout battre, partout vaincre, et nous leurrent par des nouvelles mensongères. C'étaient des hommes de cour, connaissant les belles manières, sachant bien saluer, bien se courber, mais ayant négligé l'étude, le travail, l'exercice sérieux de toutes les fonctions militaires.

Pour eux, s'attirer les regards d'en haut, des faveurs, des situations, arriver à la richesse et au repos, c'était tout. Est-ce là l'esprit qui doit animer le général d'armée ? Est-ce là le patriotisme ? Est-ce là ce qui pouvait nous sauver ? Qui n'a pas le feu sacré, qui n'a pas la foi, qui n'a point d'âme n'a point d'énergie, n'a que les apparences de la vie ; il est mort. Mais je constate ceci : ils ont été vaincus sans avoir trahi.

De même les officiers supérieurs commandant l'armée, l'immense camp de Paris, et beaucoup de chefs secondaires, n'avait pas la foi, n'avaient pas la vie, n'étaient pas à la hauteur du triomphe et n'ont pas su nous donner la gloire et la liberté.

— Mais Bazaine, mais Boyer, mais de Failly, Lebœuf, Coffinières, Frossard et tant d'autres ! qu'ont-ils fait? que dire d'eux? — Ces hommes-là n'ont jamais reconnu la République, jamais écrit un seul mot sympatique au gouvernement de la défense nationale; l'empire tombé, ils ont trahi la France pour servir une dynastie; et plus d'un se fût peut-être joint aux Prussiens pour venir verser notre sang et nous imposer ce que nous ne voulions plus. C'est un crime horrible.

— Et ceux qui ont gouverné Paris et dirigé ou entravé notre défense, valent-ils mieux? — Ils ont reconnu la République, ils ont marché sous son drapeau, s'ils nous avaient trahis, leur crime serait alors plus monstrueux et plus impardonnable. Mais je n'en crois rien.

— Quoi! pas un seul ne nous a vendus, n'a correspondu avec l'homme de Sédan, et par conséquent avec l'ennemi? — Je ne nie pas qu'il peut y avoir des fripons, mais je crois à la fidélité du grand nombre, et j'ajoute : Ils doivent tous se transformer, faire peau neuve et cœur neuf; se relever moralement, puiser leur vie dans la vie générale, tenir au corps, mais encore plus à l'âme, et planer sur toute chose au lieu de ramper dans la boue. Il faut qu'il soient grands, nobles de caractère et de bonne volonté. Il faut que l'armée française ne soit plus l'armée d'un homme, d'une dynastie, mais l'armée de la France, l'armée de la patrie, et alors notre avenir ne pourra plus être troublé et nos droits et nos libertés nous seront acquis à tout jamais.

XI.

— Parlons de M. Thiers. Qu'attendre de lui? — Beaucoup. C'est un homme savant, rompu aux affaires, adroit, souple, insinuant, capable d'attirer les hommes, de les grouper, de les prendre par le sentiment, par la raison, de les convaincre, et de leur faire accepter ce qu'ils n'accepteraient pas de tout autre. Il est pétillant d'esprit, tout le monde le sait; quant à son caractère, il m'a paru laisser à désirer. Mais il a de l'âge, de l'expérience ; il a vu bien des révolutions, bien des trônes crouler, et il ne croit pas qu'on puisse en rebâtir un solide maintenant. La France est dans le plus triste état, et l'occasion lui est belle de s'illustrer aux yeux du monde entier, et de se placer, d'un bond, au premier rang des grands hommes de l'humanité.

Au reste, j'ai entendu dire qu'il ne repoussait pas la République, qu'il sentait l'absolue nécessité de se rallier à cette forme de gouvernement. Si cela est, s'il veut travailler pour la France et pour la paix du monde, et je finis par croire qu'il le veut, il fera merveille, et son nom sera l'un des plus beaux de l'histoire de tous les peuples.

— Mais l'Assemblée nationale, élue avec précipitation, dans un pays envahi, troublé, dont toutes les parties ne pouvaient plus se correspondre, dont la capitale était étreinte dans un cercle de fer, comprimée, muette, où tout renseignement, où toute clarté manquaient partout, pouvait-elle sortir, en telle situation, des entrailles du peuple dans toute sa plénitude, grande, belle, majestueuse ? A-t-on pu parler aux électeurs de la paix et de la guerre ? de la situation réelle où nous sommes ? de ce que nous avons à faire, de ce que nous devons constituer ? Nullement ! Nous avons fait une élection comme enveloppé dans une nuée bien noire. Enfin voilà une assemblée dont les deux tiers sont monarchistes ; que pourront-ils faire ? une monarchie.

— Je ne suis pas de votre avis. Ils ne le peuvent pas. Qu'ils fassent un roi, ce roi aura contre lui deux prétendants, et les républicains s'appuyant sur presque toutes les villes ; sa position ne serait pas tenable, il croulerait. Quelque dynastie que l'on restaure, elle aura toujours trois partis contre elle, plus la situation terrible qui nous est faite par les malheurs de la guerre... Pourrait-elle résister ? Impossible, et avant six mois, ce serait encore une révolution.

Le bon sens parlera à l'Assemblée nationale, et elle comprendra qu'en dehors de la République tout est perdu, que nous n'avons plus d'avenir, que nous sommes ruinés, écrasés, abattus sans ressources, sans espoir de nous relever. — Mais cette République aura pour chefs des réactionnaires. — Soit! prenez-la tout de même.

Ainsi, suffrage universel, liberté de la presse, de réunion, l'Assemblée sortie de l'élection nommant le chef du pouvoir exécutif, ou président de la République, celui-ci ses ministres; la France s'appelant la République française; c'est assez pour vaincre, et nous vaincrons. — Mais nous n'aurons point de réformes, mais ce sera presque une monarchie.

— Ne craignons rien; vivons dans la modération, dans l'amour de notre patrie: Nous avons la plume, nous avons des voix, usons de la liberté, adressons-nous au peuple, éclairons-le, touchons son cœur, touchons son âme, faisons-lui comprendre nos théories, nos principes sauveurs, si simples et si grands, et le peuple voudra ce que nous voulons, et sera républicain.

Pourquoi ne l'était-il pas? Parce que trop souvent nous nous sommes divisés, parce que nous avons combattu les uns contre les autres, parce qu'on a émis des théories exorbitantes, impraticables, qui l'ont fait frissonner, reculer d'effroi, mais restons dans le juste, dans le possible, dans ce qui est pratique; écartons toute colère, tout fiel, toute haine bien loin de nous; parlons-lui avec amour, comme de vrais apôtres, il battra des mains et nous dira: « Je suis avec vous.» Et dans quelques mois il nous donnera une autre assemblée, et celle-là vraiment républicaine.

Tout ce que je propose dans cet écrit, en dehors de tout rêve, de toute utopie, très-démocratique cependant, le peuple, le bourgeois comme l'ouvrier, l'accepterait d'emblée, j'en suis persuadé; et puis le principe admis, est-il une amélioration qui ne soit à notre portée? un progrès que nous ne soyons à même de réaliser sans troubler en aucune façon le travail, le commerce, la société?

Oui, je vois des masses de braves gens, républicains sans le savoir, je vois aussi quelques ambitieux, qui détruiraient un monde pour s'élever sur ses ruines, les uns, patronnant une dynastie, les autres des dynasties ri-

vales, tous ayant l'intention, tout en servant un prétendant, de se servir eux-mêmes et de se créer une place
le plus près possible du roi ou de l'empereur, des
princes et des princesses... Ils veulent briller dans les
cours, dans les hauts emplois et se pavaner dans la
vanité, vanité très-peu chrétienne, qui ne tient en rien
de la doctrine du Christ.

Et qu'importe au peuple français qu'un Bourbon de
la branche aînée soit roi? Qu'un d'Orléans soit roi?
Qu'un Bonaparte soit empereur? Que peut-il lui revenir à lui de tous ces changements? de toutes ces
transformations? de toutes ces restaurations qu'on ose
follement rêver?

N'est-ce pas le peuple qui nourrit tous les rois, tous
les empereurs, tous les princes, toutes les princesses,
tous les courtisans? Qui leur donne des listes civiles,
des dotations, des traitements considérables? Qu'ose-t-
on nous dire? qu'on nous donnera ceci? qu'on nous
donnera cela? qu'on nous fera l'aumône? C'est nous
qui faisons l'aumône aux autres, qui les enrichissons, et
nous n'avons que faire de leurs prétendus dons. Nous
voulons vivre par le travail, à la sueur de notre front;
cela nous suffit.

Qu'importe aussi à l'homme d'un vrai mérite qu'il y
ait des rois? Qu'a-t-il à faire de leurs faveurs? Est-ce
qu'il ne préfère pas cent fois l'ordre et la liberté et
un peuple intelligent, vivant, au sein duquel il peut se
manifester, se développer, grandir avec sa conscience et
obtenir un jour, par de louables efforts, une réputation méritée, un nom respecté, seule ambition du vrai
citoyen?

Donc, République! et je compte sur le bourgeois,
et je compte sur l'ouvrier, sur le marchand, l'industriel,
le cultivateur, le rentier, l'artiste, le savant, je compte,
autant que sur l'homme, sur la femme et sur l'enfant;
je compte sur tous les honnêtes gens.

C'est aujourd'hui le grand jour, donnons-nous tous
la main, vivons tous en frères, et relevons notre patrie
qui pleure et sanglotte, accablée par ses malheurs.
Amis, embrassons-nous tous, et ne nous séparons pas.

FIN.

CORRESPONDANCE PENDANT LA GUERRE

AVERTISSEMENT.

J'ai dû donner ma démission d'Adjoint au Maire du XIIme Arrondissement de Paris, et quelques rigoristes, sans s'informer de mon état de santé, se sont permis un blâme que je leur pardonne. Mais qu'on le sache, fonctionnaire ou non, malade ou bien portant, je ne rêve qu'aux intérêts de ma patrie, au triomphe de la sainte cause de la démocratie et de la fraternité; si ce n'est par action, par paroles ou discours que j'agis, c'est au moins par écrits, lettres, circulaires, conseils répandus de toute part dans nos départements; et parfois je m'insinue jusque chez l'Etranger. Quand les routes terrestres sont fermées, nous avons les routes du ciel, et, grâce aux ballons, j'ai pu encore me communiquer à mes amis.

J'ai là un Copie-de-Lettre, dépôt, répertoire précieux pour moi! Les pensées que j'envoie au loin, restent encore sous mes yeux; et j'y relève les quelques lettres que voici, et qui, peut-être, ne déplairont pas à mes lecteurs.

A M. Alphonse MALET, à Tournon (Ardèche).

Paris, 22 Juillet 1870.

Cher ami Malet,

Nous sommes des taquins, pour ne pas dire plus. Si les Espagnols veulent une république ou pour roi un Montpensier ou un prince portugais, nous faisons obstacle, nous contrarions; nous promettons l'affranchissement de l'Italie, et nous restons en route; c'est grâce aux Prussiens que les Italiens obtiennent le Mantouan et la Vénétie. Et puis nous leur disons : Vous n'aurez pas Rome, votre capitale, nous vous le défendons. Nous voulons donner au Mexique un empereur autrichien, et, d'autre part, nous contrarions les Etats-Unis en appuyant le Sud contre le Nord et en prolongeant, autant que nous le pouvons, la révolte et le désordre dans ce grand et beau pays. Nous sommes allés au Mexique pour les curés, en Chine pour les curés, en Cochinchine pour les curés, et, encore aujourd'hui, nous gardons Rome pour les curés, pour le pape infaillible, pour la réaction... Approuvez cela tant que vous voudrez, les opinions sont libres, mais ce qui m'eut blessé sous Louis XVIII ou Charles X me blesse tout autant au jour où nous sommes.

Les Prussiens sont des orgueilleux, des brutaux, des spoliateurs, les Russes ne valent pas mieux, et j'aurais compris la guerre, je l'eusse approuvée au moment où l'on assassinait la Pologne, et surtout à l'époque où toute l'Allemagne, quatre-vingts millions d'hommes contre quatre millions, égorgeaient, déchiraient, pillaient le Danemark... C'était lâche, c'était horrible, et nous ne devions pas souffrir cette abomination. Nous l'avons soufferte malgré les traités. L'Angleterre offrait de s'unir à nous, d'envoyer une flotte dans la Baltique, nous fûmes sourds à sa voix.

Oui, alors toute l'Allemagne pouvait être d'un côté, et la Russie l'eût appuyée... mais de l'autre côté eût été la France, l'Angleterre, le Danemark, la Suède, l'Italie, qui n'avait pas encore la Vénétie, la Hongrie, non encore unie à l'Autriche, la Turquie ennemie de la Russie. Nous eussions combattu pour une grande cause, pour le faible opprimé, pour le droit, pour la justice, pour l'humanité.

Que la question est moins claire et moins grande maintenant! Nous nous battrons à cause d'un candidat qui n'est plus candidat, et je ne vois pas nos alliés.

Je fais cependant des vœux pour la France, pour le triomphe de nos armes, pour que la Prusse reçoive la leçon qu'elle mérite si bien; mais, que de sang va couler! Ce n'est pas d'un cœur gai que j'observe tout cela.

Ce ne sont que les grandes causes qui excitent mon enthousiasme, les causes obscures, douteuses, n'agissent pas de même sur mon âme et sur mon cœur. Enfin, nous sommes en lutte, combattons et triomphons.

Mes amitiés chez vous, à votre frère, à votre dame, aux enfants, aux parents, aux amis, et croyez à mon sincère et solide attachement.

Votre tout dévoué,

Agricol PERDIGUIER.

A M. BUYEZ, à Châteauneuf-du-Pape (Vaucluse).

Paris, 23 Août 1870.

Mon cher ami Buyez,

Dans quelle situation se trouve la France! On déclare la guerre aux applaudissements du sénat, le corps législatif approuve, et, d'autre part, il refuse d'armer le peuple, la garde nationale, la mobile... Nulle précaution, nulle prévision! On marche à la frontière avec peu de soldats, et encore éparpillés sur un espace immense, manquant de munitions, manquant de vivres. Tu connais les résultats de ces grandes et fatales luttes. Voilà l'ennemi en France, maître de plusieurs de nos villes, en assiégeant d'autres, ravageant nos campagnes... Que de morts! que de blessés! que de misères!...

Plus de commerce nulle part.

Et voir la France ainsi traitée par une seule nation! Et les Allemands et bien d'autres peuples insultant aux Français, qui cependant, par leurs révolutions, par leurs réformes dans les lois, par les nouveaux principes apportés dans l'organisation politique et sociale ont tant fait de bien à l'Europe! au monde entier! Ce que nous voyons est-il croyable! ne parait-il pas un rêve? une impossibilité? et notre conscience peut-elle ne pas entrer en pleine révolte?

Voilà ce que vingt ans de despotisme ont pu produire! Une administration incapable, orgueilleuse, sans énergie, un peuple démoralisé, ne pensant qu'aux jouissances, dédaignant la grandeur réelle, se vautrant dans la boue, et passant l'éponge sur toutes les fautes, sur toutes les folies, même sur tous les crimes de ses gouvernants.

Entrons un peu dans l'histoire :

Un homme s'insurge contre le pape; on l'arrête, on le condamne, puis on le jette sur le sol de l'Angleterre.

Un beau jour il se présente à Strasbourg. Il tente de soulever la garnison, de marcher sur Paris; il veut renverser le gouvernement et prendre sa place. Arrêté, condamné, grâcié de la peine capitale, le voilà encore sur le sol anglais, adressant au roi Louis-Philippe les paroles les plus soumises, les plus respectueuses, les plus repentantes, et la reconnaissance remplissait son cœur, il le disait, on pouvait le croire. Mais peu de temps après le voilà à Boulogne, s'insurgeant de nouveau, convoitant toujours l'autorité, la puissance suprême. Nouvelle arrestation, condamnation, prison. Il finit par se sauver sous les vêtements de Badinguet, ouvrier maçon, et l'Angleterre le reçoit pour la troisième fois.

La république vient, l'autre accourt. On le renvoie; il adresse au gouvernement mille suppliques républicaines. On le laisse entrer. Le voilà représentant du peuple. Un jour je le vis à la tribune; il lut un papier. Il protestait énergiquement contre le titre de prétendant qu'on ne cessait de lui *jeter à la tête*; c'était là son expression. Le voilà candidat, le voilà président de la République, de ce gouvernement qu'il jura de défendre; j'ai entendu son serment. On sait comment il l'a tenu.

Coup de main nocturne, arrestations, emprisonnements, proscriptions! que d'hommes dans l'exil! généraux, poëtes, orateurs, savants, artistes, ouviers, cultivateurs; rien ne fut épargné. Que de misères! que de souffrances! Et lorsqu'il s'adressa au peuple, dont-il avait renversé les élus, la constitution, les lois, lui demandant: Ai-je bien fait? Ce peuple, ayant entre ses mains le suffrage universel, le droit de vote, d'exprimer sa pensée, répondit oui; et sur une seconde question, celle-ci: me permets-tu d'être maître tout seul et de faire une constitution à ma guise? Ce pauvre peuple, sans intelligence, sans courage, sans dignité, sans vertus civiques, fasciné, abruti par un nom, répondit encore oui.

Les choses ne pouvaient en rester là.

Voilà un empereur; c'était la paix! en peu de mots voici la suite de cette politique.

On fait la guerre à la Russie de concert avec les Anglais, et tout-à-coup il fait la paix, au milieu de l'œuvre commencée, malgré nos alliés qui voulaient continuer la lutte. — On fait la guerre à l'Autriche en faveur de l'Italie, qu'on devait affranchir des Alpes à l'Adriatique, et tout-à-coup l'on s'arrête sans avoir accompli la parole donnée, le programme affiché dans le monde entier, malgré les Italiens, et sans admettre notre allié Victor-Emmanuel à la signature du traité.— Nous portons la guerre au Mexique; nous avions pour alliés les Espagnols et les Anglais; il s'agissait de demander aux Mexicains des indemnités et des réparations. Nous voilà à la Vera-Cruz, nous voilà sur la terre Mexicaine. Les trois alliés s'abouchent avec les envoyés de Mexico. Les Espagnols et les Anglais acceptent les offres du peuple envahi, et se retirent; nous, non; il s'agit d'une république il faut la détruire, comme celle de Rome, et instituer sur ses ruines un empire, une tyrannie allemande et cléricale, centre de réaction, et de là appuyer le sud des Etats-Unis en révolte contre le progrès, contre l'égalité, écraser le nord et briser la plus belle des républiques des temps modernes.

Après quatre ou cinq ans de luttes, de pertes d'hommes, de frais immenses, de ruines, de saccagements, il fallut quitter ce malheureux pays, beau d'héroïsme, qui nous maudissait, laissant dans toute l'Amérique la haine attachée à notre nom de Français et la juste réprobation que nous méritions réellement.

Et voilà comment nous compromettions notre commerce, la fortune et l'avenir de la France.

Nous avons laissé périr la Pologne, nous avons laissé démembrer le Danemarck malgré les traités qui le plaçaient sous notre protection, nous avions oublié la justice et le droit, et nous devions en souffrir.

Lors de la guerre de l'Autriche et de la Prusse nous avons laissé faire. L'Italie, profitant d'une bonne occasion, s'est associée à cette dernière : elle voulait le Mantouan et la Vénétie. L'Autriche ne pouvait plus détenir ces pays-là, il fallait les abandonner. Alors notre homme s'est mis en évidence, et bien qu'il n'eût pris part en rien à la lutte, il s'est fait céder les deux provinces, et en a fait cadeau à l'Italie, cadeau blessant pour celle-ci, qui ne voulait les obtenir que de ses armes et de son bon droit.

Nous avons combattu en Chine pour les prêtres, en Cochinchine pour les prêtres, au Mexique pour les prêtres, à Rome pour les prêtres. Nous n'avons pas défendu les peuples souffrants, nous avons cessé d'être les soldats du progrès, de la liberté, de l'humanité, l'espoir de l'avenir. Les peuples n'ont plus tourné vers nous leurs regards suppliants; la France n'a plus été la lumière, le droit, la justice pour eux. Nous avons froissé l'Espagnol, l'Italien, l'Anglais, découragé d'autres nations, et nous nous trouvons sans alliés. Pas de liberté, des impôts écrasants, des nuées d'employés, le désordre partout, une politique sans nom, sans loyauté, une nouvelle constitution rendant un homme tout-puissant, maître de tout, traitant le peuple en peuple idiot et ce peuple l'acceptant en votant le plébiscite.

Que dire de tout cela ? Que le peuple n'a pas vu clair? Quoi! Le peuple n'est qu'ignorant? C'est là son seul défaut, son seul tort ? Je suis d'un avis contraire. Il a vu des coups-d'état, des proscriptions, la ruine de nos finances, des iniquités, des guerres folles, des scandales de toutes les sortes, et il n'en a pas été ému. La conscience saine juge toujours sainement. Il a mal jugé. C'est qu'il avait perdu sa vertu, sa dignité, son amour de l'indépendance, de la liberté, de l'humanité ; il n'avait plus dans sa poitrine un cœur chaud, ardent, sympathique, chérissant le bien, maudissant le mal avec énergie, avec colère, avec rage au besoin, et il a prouvé son affaiblissement, sa décomposition en votant le plébiscite qui le rendait esclave. Je crois à une justice divine, je crois que l'intérêt privé mal entendu, égoïste, criminel était notre maître, que la vertu était sous nos pieds, je crois que nous étions coupables et que le châtiment qui nous arrive nous l'avons vraiment mérité par vingt ans d'indifférence, de bassesses et de lâcheté.

Sans doute on nous mentait, sans doute on nous trompait, mais nous avons des yeux, une intelligence, une conscience qu'il ne faut jamais laisser sommeiller, jamais dormir, jamais s'engourdir, et que, plus attentifs et plus honnêtes, nous pouvions nous garantir des maux horribles qui fondent sur nous et nous accablent aujourd'hui.

Que faire maintenant? faut-il conspirer? faut-il troubler, diviser le pays et permettre à l'ennemi d'écraser, de ruiner la France? Dieu nous en garde! Relevons-nous sous la main qui nous frappe et nous châtie si rudement; faisons oublier un triste passé, reprenons notre ancienne vigueur, purifions nos âmes, relevons nos cœurs, étendons la portée de notre esprit; non, plus de torpeur, mais de l'action, de l'énergie, du patriotisme; chassons les Prussiens, et puis aimons la liberté, elle ne nous fera pas défaut, et la France sera grandie et régénérée.

J'entends des républicains qui émettent des vœux qui me font frémir, qui m'irritent, et auxquels je fais chaque jour des réponses très véhémentes. Ils ne veulent rien faire, tant que Bonaparte sera là, pour repousser l'étranger; c'est un tort grave. En 1792 les émigrés s'étaient joints à l'ennemi; c'était avec lui, avec son concours, avec son appui qu'ils voulaient revenir en France; c'était un crime.... La France est notre mère, et malheur à qui tourne un poignard contre elle. Cependant cet ennemi ramenait le roi, les princes qu'ils aimaient, les principes anciens, la légitimité, le droit divin, mais espère-t-on que les Prussiens viennent ici exprès, sans ambition personnelle, pour nous donner la République? Quelle aberration, quelle absurdité!...

Tout républicain doit être patriote ; celui qui veut la république et reste froid aux mots de patrie et d'indépendance n'est pas digne du titre dont il ose se parer, ce n'est qu'un faux républicain, ou un sot dont je prends pitié, un fat que j'accable de tout mon mépris.

En quelque temps que ce soit, d'abord l'indépendance, et puis la liberté, et puis le triomphe du peuple et le règne de la justice.

Mon ami, plus de travail, plus de commerce dans Paris. Les Prussiens viendront-ils jusqu'ici ? Nous enverront-ils des boulets et des bombes ? S'il en était ainsi, j'aurais à trembler pour ma cave qui est tout près des fortifications. Il ne me faut pas d'autre vin maintenant craignant pour celui que j'ai déjà.

Je ne puis aller au pays dans l'état où nous nous trouvons ; attendons un temps meilleur.

Mes amitiés par là.

Ton ami tout dévoué,

Agricol PERDIGUIER.

A M. LOQUET, à Sainte-Cécile (Vaucluse).

Paris, 3 septembre 1870.

Cher monsieur Loquet,

Quelle situation ! Que ceux qui ont la direction suprême sont coupables d'avoir entrepris une guerre sans soldats, sans armes, sans vivres, sans munitions, sans avoir armé le peuple, sans préparation d'aucune sorte !

Si encore on laissait le commerce des armes libres ! au peuple la liberté de s'armer et de s'organiser ! Mais, que d'entraves ! Cependant, croyons-le, il y a de l'énergie en France malgré notre sommeil de vingt ans, et nous triompherons. Puisse la démocratie montrer du courage, de la bonne volonté, et obtenir l'affection et la reconnaissance du peuple... La patrie d'abord, son indépendance, et puis sa liberté.

Je vous serre la main,

Agricol PERDIGUIER.

A M. Emmanuel ARAGO.

Paris, 6 Septembre 1870.

Mon cher Arago,

Quelle belle journée que le 4 septembre! J'ai vu tomber trois dynasties, jamais chûte plus profonde et mieux méritée! Mais, que de ruines nous laisse ce misérable et monstrueux gouvernement! Quelle grande et terrible tâche échoit à la république!

Courage! le peuple est plein d'ardeur, et nous sauverons la patrie.

. . . . , . , ...

Je vous serre cordialement la main.

Agricol PERDIGUIER.

A M. MIAILLES, à Ouveillan (Aude).

Paris, 8 Novembre 1870.

Cher monsieur Miailles,

Nous sommes cernés, entourés d'ennemis, le canon gronde souvent, et le jour de la grande bataille ne tardera pas à venir. Paris montre un grand courage, une grande fermeté. Pauvres, riches, jeunes, vieux, tout est sous les armes, tout manœuvre, tout fait des exercices, monte des gardes, combat au besoin ; du découragement nulle part malgré notre misère, nos privations, car les vivres ne sont pas abondants.

Ah! si la province, les départements étaient aussi braves que les Parisiens! le salut viendrait inévitablement. Du courage donc, et venez à notre aide : sauvons la France tous ensemble.

Votre tout dévoué,

Agricol PERDIGUIER.

A M. BUYEZ, à Châteauneuf-du-Pape (Vaucluse).

Paris, 10 Novembre 1870.

Ami Buyez,

Voici la seconde lettre renfermant 300 francs, ce qui, avec les envois de ces derniers jours, forme un total 1,800 francs.

Je te l'ai dit hier : qui sait ce qui peut nous arriver ? Payons donc nos dettes autant que nous le pouvons! la conscience exige qu'il en soit ainsi.

Paris s'est très-bien comporté; mais voilà cinquante jours que nous sommes bloqués; les vivres s'épuisent, nous faisons maigre chère, et pourtant le courage ne manque pas. Nous combattrons; il y aura un vaste carnage... Mais comment triompher si la France ne se lève pas en masse, si nous ne sommes pas soutenus? si Lyon, si Marseille, si Toulouse, si Bordeaux, si chaque ville veut faire un gouvernement à part, vivre dans la division et ne penser qu'à soi, lorsqu'il faudrait penser à la capitale et sauver d'abord la tête de la France? Ici, tout est soldat. En est-il de même ailleurs? Se lève-t-on en masse? S'arme-t-on? Marche-t-on? Nous pouvons sauver la patrie, mais il faut de l'ardeur et de l'ensemble. Je le répète, je maudis les divisions.

Ton ami,
Agricol PERDIGUIER.

A M. Charles MONIER, à Avignon (Vaucluse).

Paris, 16 Novembre 1870.

Cher ami Monier,

Pauvre France! Qu'elle a été faible pendant vingt ans! Et maintenant, comme elle souffre..... envahie, brûlée, saccagée, volée, assassinée par les Prussiens!... Quelle épouvantable situation! Des revers sans précédents : Sedan, Metz et tant d'autres villes rendues! Plus d'armées, plus de canons. plus de généraux quelque peu connus, plus rien de ce qui constituait la force, la puissance de Napoléon III... Et cependant, je crois au salut... De nouvelles armées se forment, des fusils nous arrivent, des canons sortent des fonderies, le peuple s'arme, apprend à manœuvrer, à marcher avec ensemble, à devenir soldat, et il le sera, et il vaincra...

Mais, pas de divisions! Laissons un peu dormir la politique, les questions religieuses, Tous les Français doivent concourir à la délivrance de la France. Soyons indépendants, et puis viendront les réformes, le progrès, la liberté, la fraternité.

Mes amitiés à mes compatriotes.

Ton ami tout dévoué,
Agricol PERDIGUIER.

A M. MASSÉ, à Saint-Pargoire (Hérault).

Paris, 16 Novembre 1870.

Cher ami Massé,

Nous voilà prisonniers dans Paris depuis deux mois. Plus de correspondance, plus de tonneaux à envoyer ou à recevoir. Le commerce est mort.

Nous sommes rationnés pour la viande, et il y en a très-peu pour chacun; plus de volailles, plus de poissons, plus de fromage, mais il y a du pain et du vin, et nous vivons!

Qu'est devenu cet empire qui paraissait si puissant! si colossal! Il a disparu comme une ombre... Metz! Sedan! Ignobles capitulations...

Plus d'armées de l'empire, plus d'armement de l'empire.. et des masses de Français prisonniers bien loin de nous. Les Prussiens, les Allemands nous pillant, nous ravageant, brûlant nos villes et nos campagnes! La capitale bloquée, cernée, et tous les jours, et toutes les nuits le canon grondant de toutes parts.

Eh bien! malgré tous nos désastres, malgré notre épouvantable situation, je crois au salut, à la délivrance de la France.

Mais, de l'union! de l'énergie! de l'ensemble! Acceptons le concours de tous les partis, de tous les Français, et l'ennemi sera repoussé, et nous serons maîtres chez nous, et nous serons encore la nation du progrès, de la liberté et de la fraternité.

Mes amitiés par là.

Votre tout dévoué,

Agricol PERDIGUIER.

A M. COLLOMB, cordier à Lorgues (Var).

Paris, 25 Novembre 1870.

Mon cher Collomb,

Eh bien! le voilà en bas cet ignoble empire qui, pendant vingt ans, a ruiné, dégradé, déshonoré la France! Nous voilà envahis, nous voilà bloqué, assiégé, nous, Paris, nous, capitale de la France et du monde. Tous les jours le canon tonne, tous les jours des combats autour de nous se livrent. Peu de viande, peu de légumes; le fromage, un phénix qu'on ne trouve plus. De la misère! N'importe, nous sommes grands!

Les fusils, les canons, les mitrailleuses deviennent

toujours plus abondants, les soldats-citoyens toujours plus nombreux... On s'arme, on manœuvre, on monte des gardes, on lutte contre les Prussiens, on s'habitue à ne plus les redouter, et nous les vaincrons, et nous les chasserons!

Mais, de l'accord! de l'union! de l'ensemble! Ce n'est pas trop de tous les Français pour sauver la France, pour la régénérer et la faire bénir du monde entier.

En avant! braves Français, en avant! en avant! Accomplissons notre grande tâche dans l'humanité.

Votre tout dévoué,

Agricol PERDIGUIER.

A M. MIAILLES, *à Ouvaillan (Aude)*.

Paris, 25 Novembre 1870.

Cher monsieur Miailles,

Paris s'organise, se prépare, les armements se complètent, les fusils, les canons, les mitrailleuses, les munitions de toutes sortes ne manqueront plus. Les armées se forment dans la France entière, se mettent en mouvement, se rapprochent de nous, et des actions terribles vont bientôt éclater.

Oui, nous sommes pillés, saccagés, incendiés, égorgés dans nos villes, dans nos campagnes. La Prusse veut nous détruire, son œuvre est infâme, en dehors de toute civilisation, de toute humanité; nous avons souffert, nous souffrons, mais nous serons vainqueurs, nous triompherons, l'ennemi sera chassé et châtié.... Et la France deviendra plus belle que jamais, vénérée du monde entier, car elle aura fait des merveilles de courage et de grandeur. En avant! braves Français! n'ayons qu'un cœur et qu'une âme, et sus à l'ennemi.

Votre tout dévoué,

Agricol PERDIGUIER.

A M. François PERDIGUIER, *à Morières (Vaucluse)*,

Paris, 25 Novembre 1870.

Mon cher frère,

Bazaine, après s'être entendu avec son maître, de connivence avec les Prussiens, a capitulé, a livré Metz avec plus de cent mille hommes. De l'empire, il ne reste plus d'armée, plus d'armes, plus rien... que la honte.

Tout paraissait perdu et tout l'était, même l'honneur, nous avons proclamé la République. C'est là l'œuvre de la bourgeoisie plus que des classes ouvrières, de la garde nationale, mais triée, mais composée de peu d'hommes alors. C'est qu'elle sentait la gravité de la situation, de notre terrible chûte, et qu'elle voulait sauver le pays.

Comme on a travaillé depuis! Les mobiles sont habillés, armés, ils ont manœuvré, ils sont devenus soldats. Les gardes nationaux, peu nombreux jusque là, forment aujourd'hui 260 bataillons, un ensemble de trois cent mille hommes. Tous manœuvrent deux fois par jour, montent des gardes, marchent au pas fièrement, crânement, au bruit des trompettes et des tambours. On a fabriqué des fusils, des canons, des mitrailleuses. Tout s'arme, tout s'instruit, tout se prépare à la lutte à outrance, les vieillards, même les enfants, les jeunes gens de 15 à 20 ans... Il n'est pas jusqu'aux femmes qui ne veuillent combattre.

Nous n'avons pas une nourriture bien riche, bien abondante, mais elle nous suffit! Il y a des misères, nous les soulageons, nous les partageons. Que Paris est beau au milieu de ses désastres et de ses privations!

Tous les jours, toutes les nuits nous entendons les détonnations des canons et des mitrailleuses, eh bien! ce bruit nous plaît... Personne ne tremble, personne ne pleure; je ne vois pas une larme dans les yeux de ceux même qui ont le plus souffert, qui ont perdu leurs maisons, leurs richesses, leurs parents. C'est qu'il y a de la rage ici, c'est que nous voulons la lutte à outrance et le triomphe de la patrie.

Mon cher frère, pas de divisions! pas de luttes de partis, point de rancunes, point de récriminations... Et entre nous, tous Français, cœurs vaillants, sauvons la France.

. . . .

Ton tout dévoué,
Agricol PERDIGUIER.

FRAGMENTS D'ARTICLES.

Conclusion d'un Article publié dans le NATIONAL,
le 14 Janvier 1871.

« Il ne faut pas qu'une seule compagnie reste dans l'inaction; il faut des paroles ardentes, patriotiques, sortant du cœur et arrivant au cœur; il faut une discipline sévère, il faut des encouragements ; puis il faut aussi de la rigueur, il faut frapper les traîtres, généraux comme soldats, il faut de l'action, et toujours de l'action.

« Le brave Gambetta, par ses belles et bonnes paroles, par son action incessante, double la force, l'énergie, la valeur, la vertu de nos soldats-citoyens, et d'un nain fait parfois un géant. Ah! l'homme! il faut savoir parler à son cœur, à son âme, l'émouvoir dans toutes ses fibres, le travailler, le grandir, le transfigurer, et alors il acquiert de la puissance, et avec son concours on réalise des merveilles !

» Faisons des hommes, des patriotes, et nous obtiendrons le salut, la gloire et le bonheur de la France.

» J'offre pour exemple au général Trochu le dévoué Gambetta. Qu'il en soit jaloux, je le souhaite; mais qu'il l'imite, qu'il l'égale, qu'il le dépasse s'il est possible : il obtiendra une gloire éternelle, et la France et toutes les nations civilisées le béniront à tout jamais.

« AGRICOL PERDIGUIER. »

Conclusion d'un long Article publié dans le NATIONAL,
le 28 *Mars* 1871.

« Paris! Paris! ouvre les yeux, reprends ta bonté naturelle, reconquiers la considération que ces derniers jours ont compromise dans le monde entier. Consacre-toi réellement au service de la République, qui ne peut vivre que par notre sagesse, notre soumission aux lois, notre sincère dévouement à la liberté, à l'égalité, à la fraternité.

« Ne comptons pas faire une république de prolétaires, nous voulons une république de tous les Français... En Amérique, en Suisse les riches sont aussi bons républicains que les pauvres, que les travailleurs ; il en sera de même en France, il le faut, il le faut absolument.

» Parisiens! examinez, réfléchissez, sondez vos consciences, voyez la situation de la France, et travaillons tous ensemble à sa délivrance et à son salut,

« AGRICOL PERDIGUIER. »

Le long retard de cette feuille me permet, au moment de donner le bon à tirer, d'ajouter ces quelques mots : Je reste dans les idées de paix, de conciliation soutenues dans toute l'étendue de ma brochure, et aujourd'hui, 16 avril, au bruit du canon, en vue du sang français qni se répand à flot, j'affirme ceci : *Plus que jamais je maudis la guerre civile.*

FIN.

TABLE DES MATIÈRES.

FIN.